SOCORRO !

PRECISO DE MOTIVAÇÃO

SOCORRO !

PRECISO DE MOTIVAÇÃO

DICAS SEMANAIS PARA O SEU SUCESSO
PESSOAL E EMPRESARIAL

LUIZ A. MARINS FILHO, Ph. D.

editora HARBRA ltda.

Direção Geral: Julio E. Emöd
Supervisão Editorial: Maria Pia Castiglia
Coordenação Editorial: Marilu Bernardes Sória
Projeto Gráfico e Capa: Paulo de Tarso Simões de Almeida
Ilustrações: Roberto Negreiros
Revisão de Provas: Melissa Mesquita Ponciano
Editoração Eletrônica: AM Produções Gráficas Ltda.
Fotolitos: DUBAU Stúdio Gráfico Fotolito Ltda.
Impressão e Acabamento: Cromoset Gráfica e Editora Ltda.

SOCORRO! PRECISO DE MOTIVAÇÃO

Rua Joaquim Távora, 629
04015-001 São Paulo - SP
Telefones: 549-2244, 571-0276 e 571-9777

Impresso no Brasil *Printed in Brazil*

CONTEÚDO

Apresentação
Agradecimentos

1ª semana	*A Importância do Entusiasmo*	*2*
2ª semana	*Pare de Reclamar*	*6*
3ª semana	*Precisa-se de um Chefe!*	*8*
4ª semana	*Motivado para Vencer*	*10*
5ª semana	*Reviva alguma Boa Idéia do Passado*	*14*
6ª semana	*A Importância do "Follow-up"*	*16*
7ª semana	*Visite um Cliente Preferencial*	*20*
8ª semana	*Saiba o que Pensa o seu Cliente*	*22*
9ª semana	*Adote um Padrão para se Comparar*	*24*
10ª semana	*Repensando o Tamanho da Empresa*	*28*
11ª semana	*Invista em Você*	*30*
12ª semana	*Comprometido com o Sucesso do Cliente*	*34*
13ª semana	*Observe a Concorrência*	*36*
14ª semana	*Delegue, não Abdique*	*38*
15ª semana	*Comunique-se com seus Subordinados*	*42*
16ª semana	*Cuidado com o Hábito de Procrastinar*	*44*
17ª semana	*Preste Atenção aos Detalhes*	*48*
18ª semana	*Motivar é Ouvir*	*50*
19ª semana	*Tenha a Atitude de Aprender Sempre*	*52*
20ª semana	*Reforçando os Pontos Fortes*	*56*
21ª semana	*O que Falta é Credibilidade*	*58*
22ª semana	*10 Diferenças entre um Vencedor e um Perdedor*	*62*
23ª semana	*A Reunião das Segundas-Feiras*	*64*
24ª semana	*Cuidado para não Desistir no Meio do Caminho*	*66*
25ª semana	*Seja Acessível*	*70*
26ª semana	*O Primeiro Cliente de sua Empresa é o seu Funcionário: Informe-o em Primeiro Lugar*	*72*
27ª semana	*Acabe com a Arrogância*	*76*
28ª semana	*Cuidado com a Fossilização*	*78*
29ª semana	*A Palavra é Empowerment*	*80*
30ª semana	*Decida com Rapidez*	*84*
31ª semana	*Desperte a Pessoa Cansada ou Morta que Está dentro de Você*	*88*

32ª semana	*As 12 maiores Causas de Fracasso na Liderança.*	*92*
33ª semana	*Saiba Relaxar*	*96*
34ª semana	*Não Tenho Tempo!*	*98*
35ª semana	*Treinar, Treinar, Treinar*	*102*
36ª semana	*Transforme seu Cliente em seu Vendedor*	*104*
37ª semana	*Boas Maneiras e Educação: Um dos Segredos do Sucesso Empresarial?*	*108*
38ª semana	*Três Razões para o Fracasso*	*112*
39ª semana	*É Preciso Ter "Foco"*	*116*
40ª semana	*Imagine-se Vencedor*	*120*
41ª semana	*Abaixo os Grandes Egos*	*122*
42ª semana	*Valorize sua Intuição*	*126*
43ª semana	*Só não Erra quem não Faz*	*128*
44ª semana	*A Lição dos Gansos*	*130*
45ª semana	*Sonhe Alto*	*134*
46ª semana	*A Inveja*	*136*
47ª semana	*Saia da sua Sala*	*140*
48ª semana	*Autonomia e Iniciativa*	*142*
49ª semana	*O Empreendedor de Sucesso*	*144*
50ª semana	*Sente-se em cima do Caixa*	*148*
51ª semana	*Iacocca Enumera os 10 Mandamentos do Sucesso*	*150*
52ª semana	*Mudar: A Única Certeza Estável*	*152*

APRESENTAÇÃO

O mundo empresarial de hoje, extremamente globalizado, complexo e competitivo exige dos executivos e funcionários de uma empresa, fortes componentes de motivação. Motivação para enfrentar a concorrência. Motivação para desenvolver programas de qualidade, produtividade e redução de custos. Motivação para fazer a necessária reengenharia de processos. Motivação para transformar a empresa em uma organização de aprendizagem. Motivação para motivar funcionários. Motivação para mudar, pois a única certeza estável que temos nestes tempos em que vivemos é a certeza de que tudo vai mudar, e rapidamente.

No meu trabalho de consultor para grandes empresas nacionais e multinacionais, no Brasil e no exterior, verifico que há um componente externo muito forte para a desmotivação. A imprensa só nos traz notícias ruins. Desemprego. Violência urbana. Crise, crise e mais crise. E as empresas ficam à mercê de um clima de negatividade que impede a mudança, que impede o sucesso. Tornam-se reativas ao invés de pro-ativas. Ficam paradas em meio a tanta negatividade e não conseguem enxergar as oportunidades, os "nichos" e nem mesmo seus próprios identificadores positivos, para poder reforçá-los.

Decidi criar, no início de 1992, um produto chamado "Fax Motivação & Sucesso", que nada mais é do que um fax que o assinante recebe em sua máquina, todas as segundas-feiras pela manhã, contendo uma mensagem motivadora para que ele pratique, em sua empresa, com seu pessoal, durante aquela semana que se inicia. O sucesso de nosso produto é enorme. São centenas de empresas, escolas, órgãos governamentais e pessoas físicas, que se tornaram nossos assinantes e que todas as semanas recebem suas "dicas" motivacionais. Nossa surpresa foi ainda maior quando vimos que muitas empresas repassam os fax recebidos para todas as suas filiais e mesmo matrizes no mundo inteiro. Em uma pesquisa que fizemos junto aos assinantes, constatamos que em média cada fax recebido é enviado para cinco outras localidades da empresa e acaba sendo lido por mais de vinte pessoas. Assim, são milhares de pessoas que lêem nossas mensagens semanalmente.

A idéia de fazer um livro com uma coletânea de alguns fax veio dos próprios assinantes. E aqui está o "SOCORRO! PRECISO DE MOTIVAÇÃO". A seleção dos temas para o livro foi feita por clientes que gentilmente aceitaram essa tarefa.

Espero que esta coletânea seja da maior utilidade para o leitor, sua empresa, seus negócios, sua vida. Os temas são simples, curtos e objetivos, mas todos procuram conter uma mensagem profunda sobre as necessárias mudanças que temos que empreender em nossas empresas e mesmo em nossas vidas, neste final de século.

Luiz Almeida Marins Filho
Anthropos Consulting

AGRADECIMENTOS

Este livro é produto dos "Fax Motivação & Sucesso" que escrevo semanalmente para centenas de assinantes. Para que essa tarefa seja feita, sem interrupção, necessito da compreensão de muitas pessoas e da dedicação de tantas outras.

Quero agradecer à minha mulher Ana Cristina, e a meus filhos Aluisio, Túlio e Caio que me vêem escrevendo os fax e buscando temas onde quer que eu esteja – em férias, no exterior etc., semanalmente, sem poder falhar. Eu, que me conheço, sei que não é fácil me suportar com tanto amor e carinho como os que eles me dedicam.

Agradeço, também, a dedicação dos nossos funcionários da Anthropos Consulting, principalmente a Mércia Regina Loureiro e Paulo Márcio Frassato, que semanalmente passam centenas de fax, o que exige uma paciência incrível. Agradeço também à tecnologia que permite o envio de fax pelo computador e a quem a desenvolveu. Parece um milagre ver os nossos computadores enviando centenas de fax semanalmente durante as madrugadas.

Não posso deixar de agradecer o meu grande amigo e sócio Paulo de Tarso Simões de Almeida, na Commit, Comunicação e Marketing, que cuidou da produção visual deste livro. Além de extremamente competente, o Paulo de Tarso é amigo como poucos uma pessoa pode ter. Ao Roberto Negreiros, que ilustrou este livro com sua incrível veia humorística e domínio total da arte com que trabalha, o meu agradecimento e cumprimentos.

À Maria Pia Castiglia, da editora HARBRA, que se empenhou nesta publicação, a minha gratidão pelo carinho e apoio a este e aos meus livros anteriores "Socorro! Tenho um Sócio" e "Administrar, Hoje".

Aos assinantes dos "Fax Motivação & Sucesso" pelo "feedback" que recebo semanalmente e pelo interesse em ler nossas mensagens, minha mais profunda gratidão.

Agosto, 1994
Luiz Almeida Marins Filho

SOCORRO !

PRECISO DE MOTIVAÇÃO

1ª SEMANA

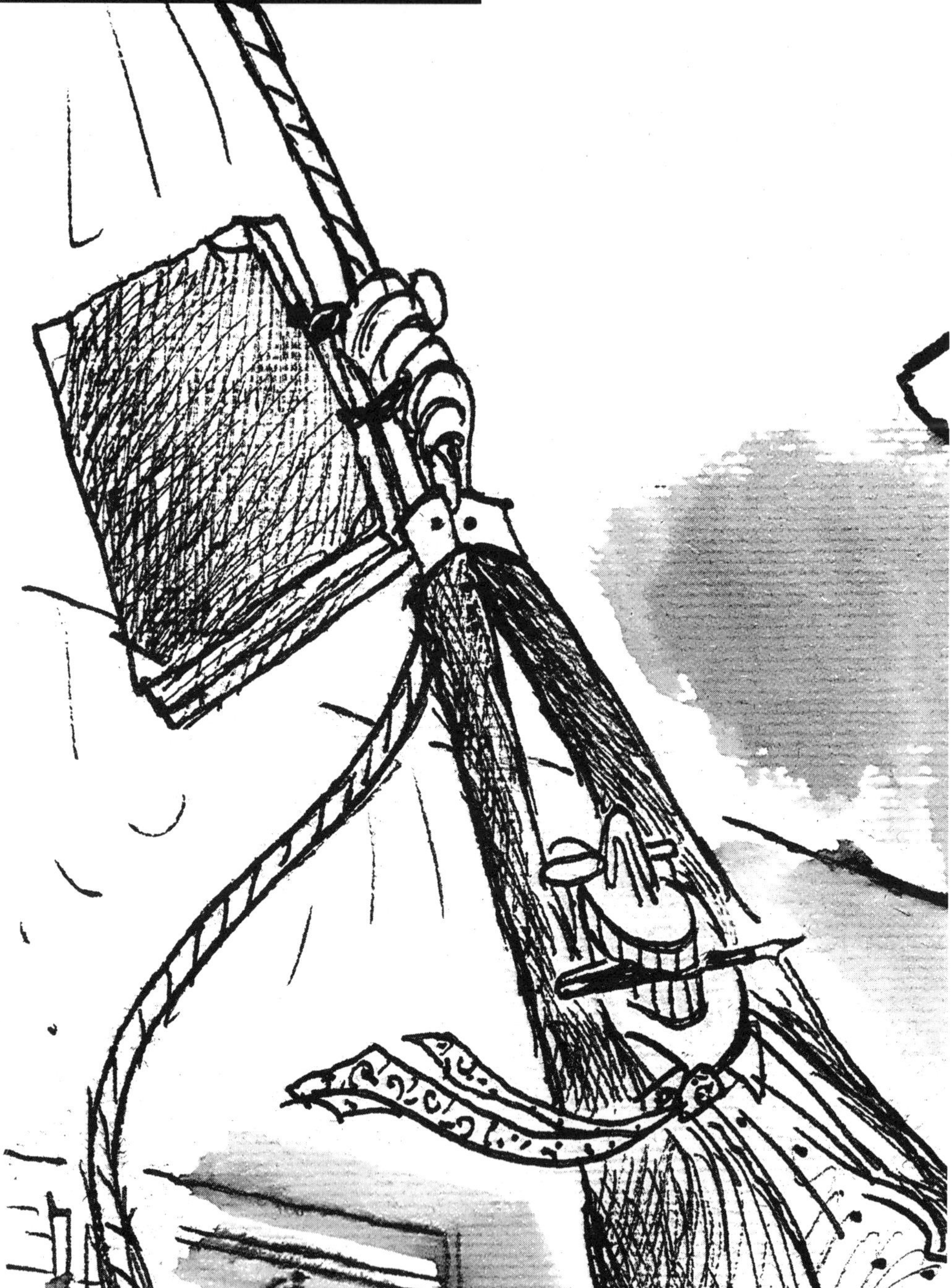

A IMPORTÂNCIA DO ENTUSIASMO

A palavra entusiasmo vem do grego e significa ter um deus dentro de si. Os gregos eram politeístas, isto é, acreditavam em vários deuses. A pessoa entusiasmada era aquela que era possuída por um dos deuses e por causa disso poderia transformar a natureza e fazer as coisas acontecerem. Assim, se você fosse entusiasmado por Ceres (deusa da Agricultura) você seria capaz de fazer acontecer a melhor colheita, e assim por diante. Segundo os gregos, só pessoas entusiasmadas eram capazes de vencer os desafios do cotidiano. Era preciso, portanto, entusiasmar-se.

Assim, o entusiasmo é diferente do otimismo. Otimismo significa eu acreditar que uma coisa vai dar certo. Talvez até torcer para que ela dê certo. Muita gente confunde otimismo com entusiasmo. No mundo de hoje, na empresa de hoje, é preciso ser entusiasmado. A pessoa entusiasmada é aquela que acredita na sua capacidade de transformar as coisas, de fazer dar certo. Entusiasmada é a pessoa que acredita em si. Acredita nos outros. Acredita na força que as pessoa têm de transformar o mundo e a própria realidade.

E só há uma maneira de ser entusiasmado. É agir entusiasticamente! Se formos esperar ter as condições ideais primeiro, para depois nos entusiasmarmos, jamais nos entusiasmaremos com coisa alguma, pois sempre teremos razões para não nos entusiasmarmos. Não é o sucesso que traz o entusiasmo, é o entusiasmo que traz o sucesso. Conheço pessoas que ficam esperando as condições melhorarem, a vida melhorar, o sucesso chegar, para depois se entusiasmarem. A verdade é que jamais se entusiasmarão com coisa alguma. O entusiasmo é que traz a nova visão da vida.

A IMPORTÂNCIA DO ENTUSIASMO

Nesta semana, gostaria de perguntar a você e a seu pessoal como vai o seu entusiasmo. Como vai seu entusiasmo pelo Brasil, pela sua empresa, pelo seu emprego, pela sua família, pelos seus filhos, pelo sucesso de seus amigos? Se você é daqueles que acham impossível entusiasmar-se com as condições atuais, acredite – jamais sairá dessa situação. É preciso acreditar em você. Acreditar na sua capacidade de vencer, de construir o sucesso, de transformar a realidade. Deixe de lado todo o negativismo. Deixe de lado o ceticismo. Abandone a descrença e seja entusiasmado com sua vida e principalmente entusiasmado com você. Você verá a diferença.

Boa Semana. Sucesso!

2ª SEMANA

PARE DE RECLAMAR

Tem gente que não percebe que viver reclamando só serve para piorar as coisas. Conheço pessoas que vivem para reclamar de tudo. Com uma visão extremamente negativa das coisas, essas pessoas só conseguem ver defeitos, erros, encontrar motivos para, cada vez mais, reclamar de tudo e de todos.

Conheço empregados que ao invés de olharem os benefícios que recebem da empresa, as coisas positivas que seu emprego lhes oferece, vivem reclamando de pequenas coisas, achando ruim de coisas sem importância e criando um clima de insatisfação nos outros e em si próprios. Esses funcionários só reconhecem os valores e benefícios de sua empresa depois que são dispensados, depois que deixam a empresa e, arrependidos, vão ter maior contato com a realidade exterior e ver que a empresa em que trabalhavam era, de fato, uma boa empresa ou pelo menos procurava ser e fazer o melhor que podia.

Conheço pessoas que só falam mal de seus chefes, de seus subordinados, de sua empresa, de seus colegas de trabalho. Essas pessoas são doentes. Não podem ser consideradas pessoas sãs. Quem vive reclamando, falando mal dos outros, reivindicando dia e noite maiores benefícios, é uma pessoa que precisa ser retreinada a ver o outro lado do mundo, o outro lado das pessoas.

Nesta semana gostaria que você se analisasse mais uma vez. Como é você? Será que você não adquiriu um verdadeiro "vício" de reclamar de tudo e de todos? Será que você não adquiriu o mau hábito de falar mal de sua empresa, de seu chefe, de seus subordinados, de tudo e de todos? Mude enquanto é tempo. Seja sincero com a sua própria consciência e veja que há muitas coisas positivas em seu trabalho, em sua empresa, no seu chefe, nos seus subordinados. Pense nisso.

Boa Semana. Sucesso!

3ª SEMANA

PRECISA-SE DE UM CHEFE!

No meu livro "ADMINISTRAR, HOJE" (editora HARBRA – 6.ed.) escrevi um capítulo chamado "Precisa-se de um Chefe" em que eu digo que "chefes fracos, moles, com baixo teor de exigência com relação a seus subordinados, estão desmotivando seus empregados". E tenho continuado a notar este sério problema na empresa brasileira. Os chefes atualmente estão "tímidos" no exercício inalienável de sua função de chefiar, comandar, coordenar, liderar. Vêem o erro e fingem não tê-lo visto. Constatam a desídia e cegam a própria consciência.

Esse relaxamento no cumprimento das funções de chefiar está levando a uma profunda desmotivação entre os empregados. Não são poucos aqueles que, vendo a completa ausência de reforço positivo pelo trabalho bem-feito e a não-punição da negligência, desinteressam-se pelo auto-aperfeiçoamento e auto-exigência. O ser humano precisa de desafios constantes que o levem a superar-se constantemente e de modelos nos quais possa se espelhar. Os modelos mais próximos são os pais, professores e chefes. Na ausência de líderes, o homem se torna fraco, abúlico. Sem desafios, o homem se transforma num alcoólatra do ócio. É preciso reeditar aqueles chefes que eram respeitados, queridos, verdadeiros mestres, enfim, verdadeiros chefes.

Nesta semana, gostaria que você revisse o seu estilo de chefiar. Pergunte-se: (a) Deixo claro aos meus subordinados o que espero deles? (b) Sou firme e decidido e exijo o máximo de meu pessoal? (c) Quando vejo algo fora dos padrões de excelência, imediatamente chamo os responsáveis e, com eles, revemos se todos entenderam os objetivos das tarefas e da empresa? (d) Tenho sempre a intenção de ser "justo" em vez de ser "bonzinho"? Pense nessas perguntas. Leve seu pessoal que tem subordinados a pensar nelas também.

Boa Semana. Sucesso!

4ª SEMANA

MOTIVADO PARA VENCER

Estamos vivendo a época das maiores transformações da história da humanidade. Sem dúvida alguma, nunca o ser humano passou por um período de tantas transformações a ponto de às vezes ter dificuldade em se adaptar às circunstâncias. Vejamos apenas a tecnologia da informação, o quanto evoluiu. Os computadores são cada vez menores e mais potentes. A miniaturização está atingindo todos os produtos e cada vez mais teremos as verdadeiras maravilhas da tecnologia. O fax veio revolucionar a tecnologia da comunicação e o mundo parece estar muito menor do que anos atrás. A verdade é que não conseguimos sequer prever o que poderá ainda ocorrer de progresso científico e tecnológico de hoje até o fim deste século.

O passo da mudança é tão violento e rápido que muitos de nós começamos a sentir verdadeira ansiedade ao não conseguirmos acompanhar tudo o que vem ocorrendo. Não há como nos mantermos atualizados neste mundo louco. Aí começamos a sentir um certo desânimo e uma sensação de obsolescência e mesmo de fossilização.

É preciso vencer essas sensações com um poder muito grande de automotivação. É preciso reencontrar os motivos para viver, para vencer, para desafiar as mudanças, para querer manter-se atualizado.

Para tanto é preciso dominar qualquer sentimento de desânimo. Qualquer sentimento que nos faça querer desistir das coisas, que nos faça não querer "fazer".

O homem é dotado de inteligência e vontade. A inteligência é muito importante. Dá-nos a capacidade de discernir, de distinguir. Mas é a VONTADE que nos faz caminhar, que nos faz vencer. Inteligência sem vontade não faz o menor sentido prático. É preciso que voltemos a QUERER, DESEJAR, para que possamos vencer os desafios de hoje. É preciso que a cada dia queiramos mais ardentemente estar a par das coisas novas. É pela vontade que iremos vencer a preguiça, o comodismo. É pela vontade que iremos voltar a estudar, a ler, a nos interessar pelas coisas novas. Não se deixe morrer nesta época que é a mais bela da história da humanidade. Volte a querer. Volte a fazer. Volte a sentir a emoção de tentar, errar e acertar. Volte a lutar para conseguir. Volte a ter vontade de vencer. Só assim, conseguiremos vencer os desafios desta década. Ela vale a pena!

Boa Semana Sucesso!

5ª SEMANA

REVIVA ALGUMA BOA IDÉIA DO PASSADO

Existem algumas idéias que já tivemos há alguns anos atrás que às vezes foram postas em prática, às vezes nem chegaram a ser experimentadas e que são realmente idéias brilhantes.

Na maior parte das vezes, essas idéias chegaram a ser iniciadas em nossas empresas, mas não tiveram continuidade, seja por falta de sensibilidade de que a idéia era realmente boa, seja pela falta de um "follow-up" que gerou simplesmente a descontinuidade da idéia.

Numa pesquisa feita pelas 10 maiores agências de publicidade de Nova Iorque, chegou-se à conclusão de que "velhos anúncios", "velhas idéias", tinham ainda uma força enorme dentro da cabeça do público. Essas idéias haviam sido abandonadas por seus criadores, porque as achavam "velhas", "fora de moda", mas na verdade, era justamente o que as empresas estavam necessitando no presente momento.

Da mesma forma, o conselho que eu daria para esta semana, é que você tentasse buscar na sua memória, ou na memória de sua empresa, alguma idéia passada que possa ser "revitalizada" para o atual momento. Com certeza, a idéia precisará de adaptações aos novos tempos, às novas circunstâncias, mas a sua base poderá ser a mesma.

Assim, pare um momento e reveja a montanha de idéias que você já teve, tanto aquelas em que você acreditou, como aquelas nas quais você nem sequer pensou com mais afinco, e analise seriamente se elas não são válidas para hoje. Temos feito esse exercício em muitas empresas com um grande sucesso e temos encontrado coisas incríveis dentro da história de cada empresa. Tente isso nesta semana.

Boa Semana. Sucesso!

6ª SEMANA

A IMPORTÂNCIA DO "FOLLOW-UP"

Follow-up significa "acompanhamento", "continuidade". Dar seguimento às coisas é uma verdadeira arte que poucas empresas sabem desenvolver. Temos muitas idéias, muitas boas idéias. Começamos a implantar quase todas elas ao mesmo tempo e... não cuidamos e não damos seguimento à sua implantação. Em pouco tempo, todas elas desaparecerão. Não ficará uma sequer. Tenho visto esta realidade em muitas empresas.

Desde o uso do crachá (que é implantado com toda a cerimônia e em pouco tempo esquecido), até cartas de cumprimentos pelo aniversário de clientes, muitas coisas têm início e desaparecem com o passar do tempo por falta de "follow-up". Você se lembra das reuniões com os gerentes, vendedores, seus subordinados, que você disse que iria fazer todas as segundas-feiras? Você se lembra de ter prometido aos seus vendedores que sairia com eles semanalmente para visitar clientes? O que aconteceu?

Na verdade quase sempre temos idéias demais e queremos implantá-las todas ao mesmo tempo. Falamos e prometemos as coisas sob o impacto da emoção do momento e ficamos literalmente desmoralizados perante nossos subordinados, porque quase tudo o que falamos não tem seguimento. Dificilmente vemos o fim ou mesmo o resultado de nossas idéias porque na maior parte das vezes nos descuidamos, na sua implantação, de fazer um verdadeiro "follow-up". Sem "follow-up" nada vai para a frente. As ordens, orientações que damos, os pedidos que fazemos à nossa secretária e ao nosso pessoal precisam ter um "follow-up".

A IMPORTÂNCIA DO "FOLLOW-UP"

Numa pesquisa que fizemos com empresários, verificamos que a maioria das <u>boas idéias</u> são abandonadas por falta de "follow-up" e não porque eram ruins. Elas dariam certo, seriam mesmo uma diferenciação espetacular para a empresa, desde que fossem implantadas como planejado, <u>com atenção aos detalhes e completo "follow-up"</u>. O que ocorre, porém, é que essas boas idéias foram abandonadas, simplesmente por que houve descuido, falta de acompanhamento em sua implantação. E não raras vezes, essas mesmas idéias darão certo em outras empresas, muitas vezes nossas concorrentes, que as implantaram com atenção aos detalhes e completo "follow-up".

Para esta semana, gostaria de sugerir que você analisasse, com seu pessoal, quais as idéias que já foram implantadas em sua empresa e que não tiveram continuidade por falta de cuidado e de "follow-up". Repense essas idéias e veja realmente as razões pelas quais foram abandonadas. Por certo você descobrirá que muitas delas foram abandonadas à própria sorte e se lembrará de que nada progride sem que seja realmente acompanhado e avaliado. E daqui em diante, ao implantar alguma coisa em sua empresa ou mesmo começar algum projeto em sua vida particular, <u>lembre-se de cuidar com atenção dos detalhes e fazer um bom "follow-up"</u>. Só assim, o sucesso ocorrerá.

Boa Semana. Sucesso!

VISITE UM CLIENTE PREFERENCIAL

Há algum tempo, fiz um seminário com Peter Drucker, o "papa" da Administração. Das muitas coisas interessantes que ele disse, a que mais chamou a atenção dos participantes foi:

"FAÇA O VOTO DE VISITAR UM CLIENTE AO MENOS UMA VEZ POR SEMANA".

Em qualquer empresa, temos a realidade da curva ABC, ou seja, 80% de nossa receita provêm de 20% de nossos clientes. Nesta semana, faça um sério voto: VISITE UM DE SEUS CLIENTES PREFERENCIAIS. Para ser mais específico, eu sugiro que você visite um cliente que há muito tempo você não visita, ou mesmo um que nunca tenha visitado. Surpreenda o seu cliente, fazendo uma visita à empresa dele, no local onde ele trabalha.

Você irá me perguntar: o que eu vou dizer a ele? E a resposta é simples: AGRADEÇA A ELE A PREFERÊNCIA QUE ELE LHE DÁ SENDO SEU CLIENTE. Nada mais é preciso. Não vá vender. Não vá pedir nada. Pergunte como você pode servi-lo melhor. Surpreenda o seu cliente fazendo apenas uma visita de CORTESIA.

Antes de ir, porém, colete alguns dados do cliente: nome completo, nome da esposa, filhos, há quanto tempo compra de sua empresa, qual a compra média/mensal etc. Mais uma vez você surpreenderá seu cliente quando ele perceber que você o conhece, que você presta atenção ao fato de ele ser seu cliente.
Mais uma sugestão: leve seu gerente com você.

Boa Semana! Sucesso!

8ª SEMANA

SAIBA O QUE PENSA O SEU CLIENTE

Participei de um Seminário de uma grande multinacional e presenciei uma coisa realmente interessante. Todos os participantes eram clientes. E a esses clientes eram feitas três perguntas simples, para que respondessem em grupos:

a) O que a nossa empresa faz de melhor, e que, portanto, deve continuar fazendo?
b) O que a nossa empresa faz de ruim e que deve deixar de fazer?
c) O que a nossa empresa não faz e deveria passar a fazer?

Os clientes passaram a tarde toda fazendo essa análise. Após as discussões, foi feito um resumo e uma tabulação das opiniões. A empresa comprometeu-se, na frente de seus melhores clientes a fazer mais aquilo que sabe fazer melhor, a deixar de fazer aquilo que faz de errado e a verificar como implementar aquilo que deveria fazer e não faz.

Foi um exercício dos mais felizes. Todos saíram ganhando: a empresa que ouviu diretamente seus clientes e os clientes, que, por certo, terão uma empresa mais voltada às suas reais necessidades.

Para esta semana, minha sugestão é a de que você convide alguns clientes preferenciais que sejam formadores de opinião e procure conhecer, em primeira mão e diretamente deles, o que realmente pensam sobre sua empresa, seus produtos, seus serviços. Use essas mesmas perguntas, ou formule outras do tipo. Mas faça, urgentemente, alguma coisa para ouvir seus clientes, antes que seu concorrente os ouça...

Boa Semana. Sucesso

9ª SEMANA

ADOTE UM PADRÃO PARA SE COMPARAR

As empresas de sucesso fazem um exercício muito importante: elas estudam a concorrência, ou mesmo empresas de outros ramos, vêem o que elas fazem de excelente e procuram tomar o que elas fazem melhor como padrão para si mesmas. E então, fazem o que se chama em inglês de "benchmarking" – um estudo comparativo de sua empresa ou produto com a empresa ou produto concorrente.

Observe algum detalhe de alto padrão que lhe chama a atenção em algum produto ou serviço que você compra ou utiliza. Veja qual empresa fabrica esse produto ou presta esse serviço. Tome essa empresa (naquele particular) como seu "padrão comparativo." Proponha ao seu pessoal que o objetivo da sua empresa seja fazer seu produto ou serviço chegar ao padrão daquele observado e que todos devam esforçar-se para tanto.

Conheço empresas que têm como "padrão comparativo" a rapidez e presteza da assistência técnica da IBM. Conheço outra que adotou como padrão o atendimento telefônico de uma concorrente, um hotel que tomou como padrão comparativo o atendimento de bar de um concorrente e o serviço de limpeza de um terceiro hotel. Conheço indústrias que adotam como padrão o controle de qualidade da Nestlé, uma indústria de ferramentas que tomou como padrão comparativo o nível de esclarecimento dos manuais de uma empresa de programas de computadores e uma padaria do interior que tem como padrão comparativo os confeitos de uma grande doceira de São Paulo.

ADOTE UM PADRÃO PARA SE COMPARAR

Adotando outra empresa real como padrão comparativo e estudando a fundo como essa empresa se comporta, você dará ao seu pessoal um <u>modelo concreto</u> em que se espelhar. Não se trata só de "copiar" o que outra empresa faz de excelente. <u>Trata-se de tentar percorrer o caminho que ela percorreu para chegar ao nível de excelência a que chegou</u>.

Minha sugestão é que nesta semana, você procure alguns "<u>padrões comparativos</u>" para se espelhar. Analise a empresa, o produto ou serviço que você tomar como padrão. Veja quais são as suas reais características. Procure saber qual será o grande segredo por detrás daquela competência. Discuta com seu pessoal e adote aquela empresa, ou um de seus produtos ou serviços, ou mesmo uma de suas características, como <u>padrão</u> para a sua empresa, seu produto ou serviço. Experimente e você verá como isso o ajudará muito a alcançar a excelência.

Boa Semana. Sucesso!

10ª SEMANA

REPENSANDO O TAMANHO DA EMPRESA

Não sei se você tem notado, mas a obsessão pelo "grandioso" está começando a desaparecer no mundo todo. Os Estados Unidos, que sempre foram os grandes protagonistas de tudo o que é "big" e grandioso, estão passando por uma verdadeira revolução, repensando o tamanho de tudo.

Empresas enormes, universidades enormes, carros enormes, casas enormes, estão cedendo lugar para tamanhos menores, mais de acordo com a realidade dos anos atuais. As empresas estão cortando despesas, analisando o custo-benefício de tudo o que possuem e cortando o pessoal desnecessário, buscando a eficácia, i.e. "fazer mais, com menos". Tudo isso, para tentar salvar sua rentabilidade e sobreviver. Universidades estão cortando pessoal, buscando a eficácia nas pesquisas e cortando custos administrativos. Até os governos (os maiores dentre os maiores) estão deixando de crescer e às vezes até diminuindo seu tamanho. Até as pessoas estão ostentando menos grandiosidade e riqueza. O mundo mudou...

Nesta semana, gostaria de convidá-lo a repensar a sua empresa. Veja se não há "staff" demais, gente demais, coisas demais. Analise se a sua empresa é "enxuta" como precisam ser as empresas dos anos 90 ou se é uma "pata gorda" como definem os ingleses. Analise com seu pessoal tudo o que pode ser simplificado, desburocratizado, diminuído ou mesmo eliminado. Somente sendo "magra" e ágil, a sua empresa poderá vencer os desafios dos anos 90.

Boa Semana. Sucesso!

11ª SEMANA

INVISTA EM VOCÊ

Conheço muitas pessoas que reclamam que suas empresas não oferecem chances de aperfeiçoamento pessoal, de treinamentos, cursos, participação em seminários etc. É uma pena que existam empresas que realmente não se conscientizaram da importância de oferecer essas oportunidades a seus funcionários.

A bem da verdade, sou obrigado a confessar que também conheço um número enorme dessas mesmas pessoas que reclamam de suas empresas e que nunca mexeram uma palha sequer para se autodesenvolver. Nunca fizeram um curso sequer às suas expensas. Não participam de palestras, conferências, não vão ao teatro, enfim, não investem em si próprias.

<u>Quem não investe em si próprio perde o direito de reclamar dos outros não investirem em sua pessoa</u>. A primeira pessoa que deve investir em nós, somos nós próprios.

Assim, vejo gerentes, supervisores e até mesmo diretores que se acomodaram totalmente. Ficam eternamente esperando que a empresa possibilite o seu desenvolvimento e nada fazem nesse sentido, por conta própria. Repito que é dever fundamental da empresa moderna investir em seus recursos humanos. Mas isso não exime cada pessoa do dever de investir em si próprio, de se auto-aperfeiçoar, de buscar conhecimentos, de participar na comunidade, de realmente investir em seu próprio desenvolvimento.

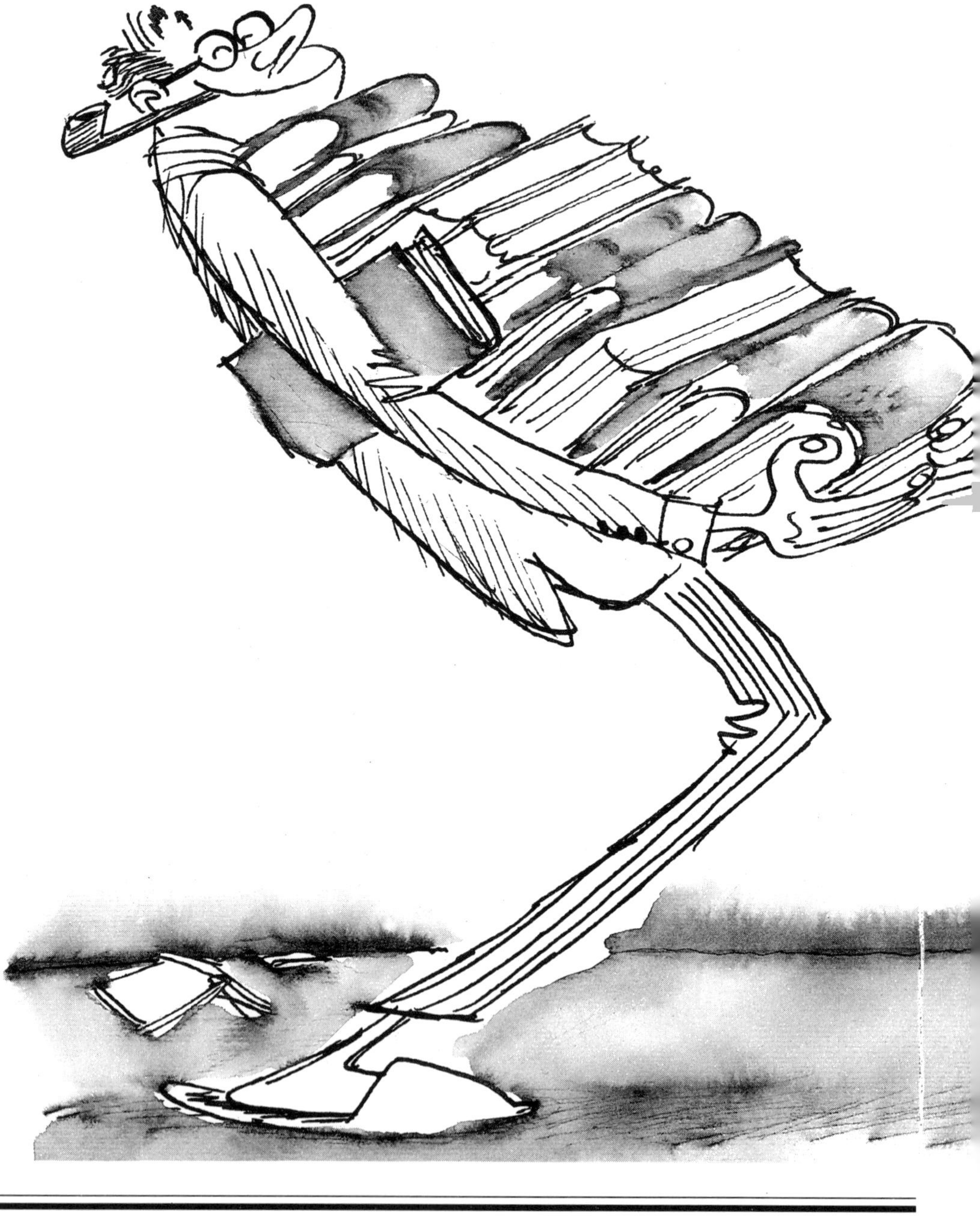

Nesta semana, pense nisto. Faça um exame de consciência e veja qual foi a última vez em que você tirou de seu orçamento ou de seu tempo livre, dinheiro e tempo e investiu na sua própria formação, aperfeiçoamento e desenvolvimento. Pergunte-se a si próprio: Tenho investido o bastante em mim mesmo? Acredito que valha a pena investir em mim mesmo? Tenho me aperfeiçoado profissionalmente, por minha própria conta? Busco constantemente esse aperfeiçoamento? Estou acomodado?

Leve seu pessoal a fazer essas mesmas perguntas. A responsabilidade do aperfeiçoamento e desenvolvimento profissional é, em primeiro lugar, de cada pessoa como indivíduo.

Boa Semana. Sucesso!

12ª SEMANA

COMPROMETIDO COM O SUCESSO DO CLIENTE

Está havendo uma verdadeira revolução no conceito e na "visão" da empresa com relação ao cliente. Basicamente poderemos enunciar essas filosofias nas seguintes frases:

Década de 60 = "O cliente é uma maldita amolação..."
Década de 70 = "Satisfazer os desejos do cliente"
Década de 80 = "Antecipar os desejos do Cliente"
Década de 90 = "Comprometer-se com o Sucesso do Cliente"

Não basta mais "satisfazer", nem "antecipar" os desejos do cliente. Isto não provocará nenhuma diferenciação significativa de sua empresa – isso é uma obrigação de qualquer empresa.

Surge o "Comprometer-se com o Sucesso do Cliente". Mais do que satisfazer, mais do que antecipar, é preciso que cada pessoa de sua empresa esteja impregnado dessa nova filosofia. A nossa empresa tem que se sentir responsável pelo sucesso de nosso cliente, comprometida com ele, e tem que agir nessa direção.

As empresas da Dow Chemicals (Dow Química no Brasil) estão fazendo um trabalho universal nesse sentido, mudando toda a orientação de seus departamentos de marketing e enfim de toda a empresa. O objetivo é conseguir esse comprometimento total com o cliente.

Para esta semana gostaria de sugerir que você se perguntasse: Em que década está minha empresa?

Reúna seu pessoal para essa discussão. Monte projetos específicos para reverter a imagem e a filosofia de sua empresa. Comece já. A hora é agora!

Boa Semana. Sucesso!

13ª SEMANA

OBSERVE A CONCORRÊNCIA

O aumento da competitividade é um fato indiscutível e irreversível. Uma das grandes armas que as empresas precisam desenvolver é a OBSERVAÇÃO. Ninguém pode ficar parado nestes tempos, olhando para o próprio umbigo. Esse é um grande perigo. Empresas que são voltadas para dentro de si mesmas não poderão agüentar o processo competitivo acelerado. Temos dito em nossos FAX que é preciso voltar-se para o cliente. Mas é preciso também observar a concorrência. Como todas as empresas estão em uma luta constante para diferenciar-se de seus concorrentes e apresentar-se com um padrão de excelência superior, é preciso observar a concorrência para (a) situar as tendências do mercado; (b) acelerar o processo de diferenciação da sua empresa em relação aos concorrentes; (c) criar formas diferentes de abordagem ao cliente; (d) sentir se sua empresa está acompanhando ou ficando para trás na prestação de serviços aos clientes.

Algumas empresas estão desenvolvendo um hábito sadio: em todas as reuniões de gerentes (semanais) e mesmo em reuniões de outro escalão qualquer, estão colocando como tópico obrigatório uma Análise da Concorrência. Além dos benefícios de se acostumar a observar o que a concorrência vem fazendo, isso serve também para lembrar a todos que "não estamos sozinhos no mercado" e nem somos os únicos preocupados com o cliente, com o processo de inovação e diferenciação. Serve para mostrar que a concorrência está viva e que precisamos estar atentos a todos os seus passos para podermos caminhar sempre à frente da concorrência.

Nesta semana, pois, faça um esforço adicional de observar a concorrência. Juntamente com seu pessoal, faça uma lista desapaixonada de tudo o que seus concorrentes fazem melhor que sua empresa. Pense no valor que essas coisas poderão ter para os clientes. É preciso envolver a empresa toda num clima de "vencer ou vencer".

Boa Semana. Sucesso!

14ª SEMANA

DELEGUE, NÃO ABDIQUE

Certa vez um presidente de uma multinacional me perguntou o que havia de errado com ele. Ele delegava o máximo de responsabilidades para seus subordinados e assim mesmo estes tinham uma imagem ruim dele, achavam-no centralizador, autoritário. Fui pesquisar, a pedido dele, o que estava acontecendo em sua empresa. Logo descobri que esse presidente confundia DELEGAR com ABDICAR.

DELEGAR significa atribuir responsabilidades a um subordinado, com a intenção de promovê-lo, fazê-lo crescer. Significa dividir suas responsabilidades com alguém, porém continuando a seu lado, oferecendo apoio. Embora a responsabilidade principal da tarefa tenha passado para as mãos delegadas, quem delegou fica comprometido com o sucesso dessa delegação.

ABDICAR significa "largar o subordinado na fogueira". Significa adotar uma atitude de "ou eu ou você" ou ainda do "Vire-se. A bola está com você. Não quero saber de nada. Só fale comigo no final..." etc.

Muitos chefes têm a intenção de delegar, mas só sabem abdicar, deixando os seus subordinados ainda mais inseguros e com a certeza de que lhes foi armada uma arapuca para que caiam e sejam recriminados posteriormente pelo chefe que diz ter "delegado".

É muito importante saber delegar. Quem delega não interfere a todo momento nas coisas delegadas. Mas quem recebeu a delegação ou a tarefa sabe que pode contar com seu chefe, caso necessite. Chefes que abdicam em vez de delegar, criam situações de tensão e ansiedade na empresa. Criam insegurança e não conseguem desenvolver o potencial de seus subordinados.

DELEGUE , NÃO ABDIQUE

Nesta semana, gostaria de sugerir que você, que é chefe, pensasse um pouco na sua atitude frente à delegação de funções. Pergunte-se: Eu sei delegar? Eu delego ou abdico? Os meus subordinados sentem-se seguros e amparados quando lhes delego alguma tarefa ou função ou ficam tensos e ansiosos? Quando delego (?) tenho um sentimento de competição com meu subordinado torcendo para que ele erre e tenha que voltar a pedir o meu socorro?

Delegar é fundamental para o sucesso da empresa e de sua chefia nestes anos de grande movimentação e aceleração dos processos de decisão. <u>Delegue, não abdique</u>!

Boa Semana. Sucesso!

COMUNIQUE-SE COM SEUS SUBORDINADOS

Sem dúvida alguma estamos vivendo numa época de crise. Os jornais, a televisão, as revistas, trazem notícias negativas o tempo todo. Todos somos vítimas, portanto, de um clima de difícil automotivação.

Nossos funcionários, muito mais do que nós, vivem essa insegurança. Pesquisas que fizemos com funcionários (até graduados – supervisão etc) e com algumas empresas, têm demonstrado que a insegurança sobre como realmente está a empresa, quais as suas perspectivas, qual a sua real situação, tem provocado um clima de tensão e ansiedade quase insuportável para os funcionários, por certo inibidor da qualidade e da produtividade.

É preciso que a empresa, em épocas de dificuldade de mercado, redobre o seu esforço de comunicação com seus funcionários. É preciso comentar a crise com os funcionários, dizer como estão os negócios, quais as reais perspectivas que a empresa encontra no mercado, quais as chances de crescimento, quais os "riscos" que a empresa está correndo, como estão os resultados etc etc.
O clima de semiterror que muitas empresas criam, sem intenção, na cabeça dos seus funcionários é desastroso para a própria garantia dos níveis de excelência que têm que ser buscados justamente nesta época.

Assim, o conselho desta semana é que você reúna seus funcionários, seus gerentes, seus supervisores, e estes reúnam os seus subordinados para "comentar" a crise. Dar a sua opinião, a sua "visão", as reais perspectivas do Brasil e do seu setor de negócios.

SÓ HÁ MOTIVAÇÃO COM COMUNICAÇÃO.

Boa Semana! Sucesso!

16ª SEMANA

CUIDADO COM O HÁBITO DE PROCRASTINAR

Quantas vezes já ocorreu de você deixar alguma coisa para depois e a oportunidade passar? Quantas idéias você teve, não implementou e quando desejou implementá-las já não tinham mais a validade de quando as concebeu? Quantos negócios e oportunidades você perdeu por esperar demais?

Segundo o Dicionário Aurélio, Procrastinar quer dizer "transferir para outro dia; adiar, delongar, demorar".

Há pessoas que têm o mau hábito de procrastinar as coisas. Deixam tudo para depois. Não fazem nada na hora em que elas devem ser feitas e na hora em que as idéias ocorrem. Essas pessoas não sabem o que perdem. São pobremente avaliadas pelos outros simplesmente pelo seu hábito de procrastinar. Essas são pessoas que dão como desculpa o constante "deixar prá depois...", "fazer quando tiver mais calma...", "não gosto de fazer nada correndo..." etc. É preciso vencer esse pernicioso hábito.

Numa enquête que fizemos com gerentes de uma empresa multinacional, o item considerado de maior valor para um subordinado foi o de "fazer as coisas imediatamente após o pedido". Assim, foram avaliados como os melhores, os subordinados que atendem prontamente uma solicitação, afinal, os que "não deixam prá depois".

CUIDADO COM O HÁBITO DE PROCRASTINAR

O conselho que eu daria nesta semana é o de você fazer uma análise nas suas coisas, nas suas tarefas, nos seus afazeres e verificar se você não desenvolveu (às vezes inconscientemente), o hábito de procrastinar. Veja quantas coisas você tem atrasado. Veja quantas coisas você tem deixado prá depois". Veja quantas tarefas você já poderia ter cumprido e que estão engasgadas, tomando espaço na sua mente, e que, de fato, acabam sendo fatores estressantes, porque sempre retorna à lembrança o fato de você ainda não ter feito isto ou aquilo, e novamente você deixa para depois...

Além de analisar se você não adquiriu o hábito da procrastinação, veja se seus subordinados também não o adquiriram. Converse com eles. Faça-os ver que o famoso "Do it now" (Faça agora) dos americanos é um grande fator de sucesso profissional. Da mesma forma, veja se sua empresa não adquiriu o hábito da procrastinação com relação a seus clientes. O atendimento é rápido? É imediato? Ou tudo é deixado para o dia seguinte, "prá depois"...?

Boa Semana. Sucesso!

17ª SEMANA

PRESTE ATENÇÃO AOS DETALHES

Estamos vivendo no mundo do "macro", do "global", do "absoluto" . E estamos nos esquecendo de que qualquer coisa só será totalmente perfeita, se todas as partes que a compõem forem igualmente perfeitas. Estamos nos esquecendo dos "detalhes". E isso está deixando o mundo embrutecido. Não há mais quase nada que seja totalmente bem-feito. Sempre há alguma coisa que foi esquecida, negligenciada, em nome do "todo". Temos até pessoas que dizem: – Isso são detalhes que não importam.
A verdade é que a ausência de preocupação e cuidado com os detalhes está fazendo com que a qualidade dos produtos e dos serviços seja totalmente comprometida. Você se lembra da última vez que teve um serviço prestado a você e que fosse totalmente perfeito, em todos os detalhes? Garanto que terá dificuldade em se lembrar. Você se lembra da última vez que comprou algum produto completamente perfeito, em todos os detalhes? Olhe para o seu carro zero Km! Observe os pequenos barulhos que irritam. De nada adianta ter um motor possante se a maçaneta da porta cair todas as vezes que você fechar a porta...

A chamada "Qualidade Total", implica numa disciplina mental de prestar atenção aos detalhes das coisas que fazemos. Veja o vaso de plantas de sua sala ou empresa. Olhe para ele: há quanto tempo ninguém cuida do detalhe de replantá-lo ou regá-lo. Veja o uso do crachá na sua empresa. Quem realmente usa? Veja o atendimento num restaurante. A cerveja está realmente gelada? O pedido veio totalmente de acordo com o que você pediu? Veja as cartas que você recebe. Seu nome está escrito corretamente?

Nesta semana, pense nisso. Leve sua empresa a PRESTAR ATENÇÃO AOS DETALHES. Faça uma reunião com seu pessoal e verifique o que pode ser melhorado nos detalhes dos produtos ou serviços que prestamos.

Boa Semana. Sucesso!

18ª SEMANA

MOTIVAR É OUVIR

Nesta semana, experimente fazer uma coisa que todos os mais modernos livros de administração e gestão empresarial estão novamente enfatizando: OUÇA!

Experimente falar menos e OUVIR MAIS.

Só ouvindo atentamente o que seus subordinados têm a dizer, é que você, como executivo, poderá tomar decisões cada vez mais acertadas. O processo decisório é um processo de informação. Numa hierarquia, sobem INFORMAÇÕES e descem DECISÕES.

Comprovadamente, muitas decisões tomadas se mostram erradas pela falta de capacidade de OUVIR dos chefes, supervisores, gerentes e diretores. Chefes antiquados estão acostumados a "fazer discursos" e a "pontificar" sobre o que é certo e o que é errado. Hoje, na verdade, é preciso cada vez mais conseguir a participação das pessoas que estão em contato diário com os operários, os clientes, os fornecedores etc. Essas pessoas têm mais condições de falar e dizer o que realmente é importante para que a empresa cresça e se desenvolva. O projeto "Taurus" da Ford americana, um dos maiores sucessos de vendas até hoje, foi desenvolvido a partir do momento em que a empresa decidiu OUVIR as pessoas dos níveis mais baixos. As opiniões foram tão sensatas que sua implementação foi simples e o sucesso surpreendente.

Saia da sua sala ou gabinete e vá OUVIR as pessoas com quem trabalha. Faça perguntas. Saiba o que elas estão fazendo. Questione. MOTIVAR É PRINCIPALMENTE OUVIR.

Boa Semana! Sucesso!

19ª SEMANA

TENHA A ATITUDE DE APRENDER SEMPRE

Tenho ficado preocupado com empresários que conheço – presidentes, vice-presidentes, diretores, chefes – que há muito tempo não fazem um curso, não participam de um seminário, não lêem um livro. Porque são pessoas razoavelmente bem-sucedidas, pensam não precisar mais aprender. Esse é um grande e perigoso engano!

Além disso, essas pessoas perderam o costume de ouvir. Ficaram tão cheias de si e da pretensa sabedoria que pensam possuir, que adotam uma atitude arrogante perante os outros e principalmente perante o saber. Essa é uma doença grave que pode atingir qualquer pessoa.

A atitude de achar que não se tem tempo para participar de um curso, de um seminário, e que isso é coisa só para os subordinados, é de uma ignorância incrível. Quanto mais alto o seu nível hierárquico, mais você precisa aprender, ouvir, ler, participar de palestras, cursos etc. Sua responsabilidade é maior.

Garanto que a sua empresa recebe inúmeros convites. Participe. Procure não perder nenhuma oportunidade de crescer, aperfeiçoar-se com a experiência alheia, trocar idéias, enfim, aprender.
Tenho participado de seminários importantes onde os participantes sempre dizem: – Meu chefe é que precisava ouvir isso... mas ele não participa de nada... parece ter vergonha de aprender... e o pior é que não ouve o que a gente quer contar depois de participar de um seminário...

TENHA A ATITUDE DE APRENDER SEMPRE

<u>Muito cuidado</u>! Veja se você não está nessa situação. Quando foi o último curso de que você participou? Quando foi o último seminário a que você foi? Qual foi o último livro de assuntos ligados à administração que você leu? Você tem a humildade de reconhecer que ainda precisa aprender muito? Essas são perguntas fundamentais para se vencer os desafios da qualidade e da competitividade dos anos 90.

Boa Semana. Sucesso!

20ª SEMANA

REFORÇANDO OS PONTOS FORTES

Assim como as pessoas, toda empresa tem pontos fortes e pontos frágeis. Assim como as pessoas, as empresas têm que estar preocupadas em "consertar" seus pontos fracos. O perigo está em que, nesse esforço, concentram-se demais nas suas fraquezas e muitas vezes deixam de lado uma das coisas mais importantes – reforçar seus pontos fortes e seus identificadores positivos.

Fazendo mais aquilo que sabemos fazer melhor, os clientes, fornecedores, funcionários etc. perceberão que estamos empenhados em sermos excelentes naquilo em que já somos bons e esse clima permeará toda a empresa, chegando até os clientes, fornecedores etc. Temos que fazer com que nossa empresa seja conhecida pelos seus pontos fortes e identificadores positivos. Para isso temos que cuidar desses pontos e torná-los cada vez mais fortes e mais identificadores de nossa empresa. Experimente.

Faça um diagnóstico, junto com seu pessoal, dos pontos fortes e dos identificadores positivos de sua empresa. Faça esse exercício buscando relacionar esses identificadores ao ponto de vista (a) dos clientes; (b) dos fornecedores; (c) dos seus funcionários; (d) de seus concorrentes; (e) da própria comunidade. Em seguida, monte projetos e crie ações específicas com o objetivo de REFORÇAR OS PONTOS FORTES E OS IDENTIFICADORES POSITIVOS de sua empresa. Dê energia onde você já é bom e forte, e essa energia se multiplicará rapidamente levando positividade para as áreas frágeis da empresa. Toda a empresa passará então a trabalhar num clima motivado.

Boa Semana. Sucesso!

O QUE FALTA É CREDIBILIDADE!

Uma pesquisa que fizemos com clientes de 15 empresas brasileiras de médio e grande portes, mostrou que o maior problema que eles sentem no seu relacionamento com as empresas é a falta de credibilidade. Na verdade, os clientes simplesmente não acreditam nas empresas.

CREDIBILIDADE vem da mesma raiz que "crédito". Tenho crédito, quando sou credor. Sou credor quando dou a alguém mais do que ele esperava, tornando-se esse alguém meu "devedor". Tenho crédito quando cumpro minha palavra. Tenho crédito quando cumpro minha promessa. Tenho crédito quando surpreendo as pessoas, indo além de onde elas esperavam que eu fosse.

Da mesma forma, DEBILIDADE vem da mesma raiz que "débito". Tenho débito, quando sou devedor. Sou devedor quando dou a alguém menos do que ele esperava, tornando esse alguém meu "credor".

As empresas de hoje, bem como as pessoas, têm que ser "credoras". Têm que ter credibilidade para que possam vencer os desafios de um mercado cada vez mais competitivo. Temos que cumprir as nossas promessas aos clientes. Temos que cumprir os nossos propósitos de garantia e assistência técnica. Temos que responder pela qualidade dos nossos produtos frente ao consumidor, custe o que custar. E temos que fazer mais do que o cliente espera para que possamos ter credibilidade. Do contrário seremos "débeis", "debilitados" e seremos assim avaliados por nossos clientes, funcionários e até amigos.

O QUE FALTA É CREDIBILIDADE

É preciso compreender a verdadeira importância de sermos "credores". Sem credibilidade, nenhuma empresa e nenhum profissional chegará a lugar algum neste final de século. O tempo de enganar, ludibriar, falsificar, já acabou! AGORA É O TEMPO DA CREDIBILIDADE.

Nesta semana, gostaria que você se perguntasse e a seu pessoal de empresa: como está o seu nível de credibilidade junto a seus clientes? A sua empresa cumpre o que promete totalmente? Os seus funcionários são pessoas que inspiram credibilidade junto a clientes e fornecedores? A sua empresa surpreende o cliente com ações inesperadamente favoráveis, que a tornem ainda mais crível para as pessoas que com ela se relacionam? A sua empresa paga os fornecedores em dia? Ou lhes dá um cansaço incrível para que recebam? Você, como pessoa, tem o hábito de fazer mais do que os outros esperam de você? Pense nisso.

Seja credor. Tenha credibilidade. Boa Semana. Sucesso!

22ª SEMANA

10 DIFERENÇAS ENTRE UM VENCEDOR E UM PERDEDOR

1. O Vencedor comete erros e diz: – Eu estava errado.
O perdedor diz: – Não foi culpa minha.
2. O Vencedor dá créditos à sua boa sorte por ter vencido, mesmo quando não se tratou de sorte. O perdedor dá créditos à sua falta de sorte, por ter perdido.
3. O Vencedor trabalha mais arduamente que o perdedor e tem mais tempo. O perdedor está sempre "muito ocupado", talvez evitando o fracasso...
4. O Vencedor transpõe o problema. O perdedor dá voltas ao redor do problema.
5. O Vencedor desculpa-se por um erro ao repará-lo. O perdedor pede desculpas mas faz a mesma coisa em uma próxima ocasião.
6. O Vencedor sabe por que lutar e quando transigir. O perdedor transige quando não deveria e luta pelo que não vale a pena. Todo dia é uma batalha de vida e é muito importante que estejamos lutando pelas coisas certas e não gastando tempo com assuntos acidentais.
7. O Vencedor diz: – Sou bom, mas não tanto quanto deveria ser. O perdedor diz: – Bem, eu não sou tão ruim quanto um bocado de gente. O Vencedor respeita o caminho que está seguindo. O perdedor despreza aqueles que ainda não atingiram a posição que tem.
8. O Vencedor respeita aqueles que lhe são superiores e tenta aprender com eles. O perdedor ressente-se daqueles que lhe são superiores e tenta achar defeitos neles.
9. O Vencedor é responsável por mais do que seu trabalho. O perdedor diz: – Eu apenas trabalho aqui.
10. O Vencedor diz: – Deve existir uma maneira melhor de se fazer isto. O perdedor diz: – Por que mudar? Esta é a maneira pela qual isto sempre foi feito.

Pense nisto. Boa Semana. Sucesso!

23ª SEMANA

A REUNIÃO DAS SEGUNDAS-FEIRAS

O homem brasileiro é oral e auditivo. Nós lemos pouco. É por essa razão que vemos no Brasil as pessoas ligarem por telefone antes de mandar um fax, avisando que irão mandá-lo e, logo em seguida, ligarem novamente dizendo: – Recebeu meu fax? O que eu queria dizer é que... e toda a comunicação segue oralmente.

Daí a importância fundamental da reunião para o homem brasileiro. Embora em outros países a reunião possa ser dispensada e substituída por memorandos escritos, no Brasil essa não é a realidade. Fazer reuniões para ouvir nossos funcionários e comunicar-lhes o andamento dos projetos, os planos futuros, a situação econômica e financeira da empresa é fundamental para a motivação. No Brasil, sem reunião, não há motivação.

Nossas pesquisas, porém, têm demonstrado que muitas reuniões são feitas em dia e hora erradas e de forma errada. Reuniões às sextas-feiras são um desastre. Todos só estarão pensando no final de semana. Tudo o que for decidido desaparecerá da cabeça das pessoas no sábado e no domingo. Reuniões longas são outro desastre.

Faça todas as segundas-feiras pela manhã, uma reunião com as pessoas mais diretamente ligadas a você. Na segunda-feira pela manhã, todos estão com a cabeça fria. As decisões serão imediatamente postas em prática. Faça uma reunião com apenas uma hora de duração. Das 9 às 10 horas, por exemplo. Termine impreterivelmente na hora marcada. Os assuntos que ficarem pendentes, trate-os separadamente depois da reunião. Você que é chefe, faça uma reunião para OUVIR e tomar conhecimento do que seus subordinados estão fazendo. Não se preocupe de não ter um assunto específico para a reunião. OUÇA e os assuntos estarão lá. Experimente: as reuniões de segunda-feira são um sucesso. BOA SEMANA. SUCESSO!

24ª SEMANA

CUIDADO PARA NÃO DESISTIR NO MEIO DO CAMINHO

Oswaldo Cruz, o grande sanitarista brasileiro, tinha uma frase que sempre repetia aos seus companheiros na luta pelo saneamento básico brasileiro em sua época: "NÃO ESMORECER, PARA NÃO DESMERECER".

Tenho visto em muitas empresas uma coisa extremamente desagradável. Muitos projetos começados, muitas idéias iniciadas, muitos programas lançados com grande alarde infelizmente não chegam ao fim. Não chegam sequer ao ponto em que se possa avaliar a sua real utilidade. Os diretores, os gerentes, os chefes, os supervisores, as pessoas enfim, desistem no meio da jornada. Param no meio do caminho. Quantos programas espetaculares de Qualidade Total, Defeito Zero e outros como visitas a clientes, a fornecedores, a pontos-de-venda, pesquisas de índice de satisfação do funcionário, sistemas de bonificação, cursos, seminários etc. começam na empresa e não têm continuidade. As pessoas desistem antes desses projetos poderem firmar-se, dizer para que vieram, mostrar seus primeiros resultados.

Há um imediatismo que precisa ser vencido. Tudo, para ser bem-feito, leva tempo. Vejam os programas de Qualidade Total. Eles exigem perseverança, tenacidade, atenção aos detalhes, acompanhamento e envolvimento de todos os diretores, gerentes e pessoal de cúpula para que possam dar resultado. E esses resultados nem sempre vêm imediatamente. Além disso, esses programas custam dinheiro, tomam tempo dos executivos. A verdade é que quando essas exigências se mostram absolutamente necessárias, muitas empresas desistem, esmorecem, fracassam.

CUIDADO PARA NÃO DESISTIR NO MEIO DO CAMINHO

Nesta semana, gostaria que você se perguntasse e a seu pessoal: Como estão os programas que começamos? Damos seguimento ao que começamos? Damos energia, tempo, dedicação aos projetos e programas que iniciamos? Temos demonstrado aos nossos funcionários o nosso comprometimento com esses projetos? Temos tido paciência para esperar que os resultados apareçam?
Não esmoreça. Dê continuidade. Prestigie. Acompanhe. Tenha calma. Leia os relatórios. Ouça as conclusões. Vibre com os resultados. Valorize seu pessoal. Seja um exemplo de participação e envolvimento.

Boa Semana. Sucesso!

SEJA ACESSÍVEL

Há pessoas que falam em administrar "de portas abertas" e até se gabam de serem "acessíveis" a seus subordinados e clientes. Porém, quando vamos ver mais de perto a sua forma de administrar, vemos que as "portas abertas" não passam de uma farsa ou mesmo de um disfarce. As portas, de fato, estão abertas, mas quem adentra aquela sala encontra lá uma pessoa, de fato, inacessível. Ela finje que ouve. Finje que está interessada. Finje que se preocupa com o que os outros estão dizendo ou pensando. Mas, na verdade, está embutida dentro de si própria. É uma pessoa da qual dizemos que está "cheia de si". Administrar de portas abertas, não significa somente abrir as portas da sala para que as pessoas vejam você trabalhando. Significa abrir a mente e o coração para seus subordinados,seus colegas, seus clientes. Administrar de portas abertas não significa apenas permitir que as pessoas adentrem sua sala. Significa você deixar sua sala e ir até onde as pessoas estão,conversar com elas, verificar "in loco" a sua situação de trabalho, enfim, comprometer-se com elas.

É preciso, mais do que nunca trabalhar realmente com portas abertas. Não só as portas da presidência, mas as portas de toda a diretoria, gerências, assistência técnica, departamento de vendas etc. A empresa moderna deve ser uma empresa aberta.

Nesta semana, gostaria que você se perguntasse se sua administração é realmente acessível. Pergunte às pessoas o que elas sentem quando têm que falar com você ou têm alguma coisa a lhe apresentar. Pergunte à sua secretária, aos seus colegas, qual a sua imagem em termos em acessibilidade. Uma pessoa inacessível é uma pessoa que fica embutida na ignorância dos fatos e das coisas que se passam dentro de uma empresa, pois as pessoas facilmente desistem de lhe contar as coisas. Um chefe inacessível é um chefe isolado. Um chefe isolado é um chefe morto. Pense nisso.

Boa Semana. Sucesso!

26ª SEMANA

O PRIMERO CLIENTE DE SUA EMPRESA É O SEU FUNCIONÁRIO: INFORME-O EM PRIMEIRO LUGAR

Tenho visto um sério problema em algumas empresas: os funcionários são os últimos a saber das novidades, das campanhas, dos lançamentos, dos brindes a serem distribuídos etc.

O primeiro cliente de qualquer empresa é o seu funcionário. Ninguém é cliente final do Presidente, da Diretoria, da Matriz, das Filiais. O cliente final, o consumidor, é sempre cliente direto de algum funcionário – da telefonista, do(a) recepcionista, do(a) balconista, do(a) vendedor(a), enfim, das pessoas que têm contato direto com ele.

Assim, o funcionário deve ser o primeiro a saber de tudo. A receber as informações essenciais da empresa como novas campanhas, novos produtos, novas formas de vender e financiar, novas pessoas etc. Infelizmente, isso não acontece. Outro dia mesmo, liguei para uma empresa que estava anunciando uma promoção pelos jornais. A telefonista não sabia de nada. Passou-me para o setor de vendas, que... pasmem! também não sabia de nada. Conversei com os diretores da empresa e eles confessaram que decidiram a campanha em longas reuniões com a agência de publicidade e mantiveram longas negociações com rádios, jornais e emissoras de televisão. Apenas esqueceram-se de avisar os funcionários!! Não preciso dizer que a campanha foi um fracasso.

Isso sim, é que se chama desperdício! Às vezes achamos que desperdício é deixar luzes acesas, um rádio ou um fax ligado. Cuidamos dessas "despesas" mais visíveis e ao mesmo tempo desperdiçamos milhões e milhões em campanhas, em lançamentos malfeitos, pois que nunca lançamos nossos produtos, primeiro, para nossos funcionários.

O PRIMEIRO CLIENTE DE SUA EMPRESA É O SEU FUNCIONÁRIO: INFORME-O EM PRIMEIRO LUGAR

Numa revendedora de automóveis, sugeri que antes de lançar o novo carro pela imprensa, antes do coquetel aos clientes, fizéssemos um "Lançamento Interno", para os funcionários, com um pequeno coquetel, discurso e tudo mais. Isso foi feito e o resultado foi absolutamente surpreendente. O pessoal da administração, as secretárias, as recepcionistas, os balconistas de peça e outros funcionários, <u>nunca haviam entrado num carro zero quilômetro</u>! Nunca ninguém havia lhes mostrado um carro em detalhes, desde o motor até o porta-malas. E havia gente que trabalhava em revenda de automóveis há mais de 15 anos!

Como podemos querer que nossos funcionários "<u>respirem" vendas</u>; como podemos querer que as pessoas todas de nossas empresas <u>participem do esforço de vender nossos produtos, prestar assistência técnica, atender clientes etc</u>. se não lhes damos a oportunidade do conhecimento, da informação, da familiaridade com nossos produtos. É um contra-senso!

<u>Quando lançamos um novo produto, será que permitimos e mesmo "exigimos" que nossos funcionários sejam os primeiros a experimentá-lo, a conhecê-lo, a tocá-lo, a senti-lo</u>?

Pense nisso. Veja como sua empresa pensa e age em relação a esse assunto. Lembre-se que <u>sem o comprometimento total de nossos funcionários, jamais teremos uma empresa de qualidade</u>. E para que esse comprometimento exista, é preciso, antes de tudo que os funcionários, real e concretamente, <u>participem</u>.

Boa Semana. Sucesso!

27ª SEMANA

ACABE COM A ARROGÂNCIA

Uma das coisas mais importantes do mundo dos negócios contemporâneo é que as pessoas ou empresas "arrogantes" não têm mais lugar. No Brasil, as empresas não tinham muita necessidade de tomar cuidado com esse aspecto. A competição era baixa. O cliente vinha à empresa de qualquer maneira. As empresas que trabalhavam com redes de distribuição, distribuidores independentes etc. sempre foram e até podiam ser arrogantes ao extremo. Hoje as coisas mudaram.

As empresas que vendiam produtos com grande participação de mercado eram, então, incrivelmente arrogantes. E o empresário? Também adotava uma posição extremamente arrogante. Aprender para quê? Inovar para quê? Participar de cursos, conferências, palestras, seminários? Para quê? Ouvir os seus funcionários, proporcionar uma administração realmente participativa são exigências de hoje. A arrogância de achar que sabe tudo, que é "o bom", que não precisa aprender, que não precisa ouvir os clientes, acatar críticas etc. não tem mais vez.

Examine-se e a sua empresa. Será que você não é uma pessoa arrogante? Você tem o hábito de ouvir? Você tem disposição para aprender coisas novas? Você tem disposição para mudar seus comportamentos? E a sua empresa? Ela tem sistemas para ouvir os clientes? Tem formas adequadas de participação dos funcionários nas decisões? Relaciona-se bem com fornecedores e representantes? Ouve o que eles têm a dizer?

Cuidado! A arrogância é o começo do fim da pessoa e da empresa. Pratique a humildade.

Boa Semana. Sucesso!

JURASSIC, SWEET JURASSIC
MOM

CUIDADO COM A FOSSILIZAÇÃO

Estamos vivendo a era das maiores transformações na história do homem na terra. A aceleração da história é um fato incrivelmente perigoso para todos nós. Ou acompanhamos os novos tempos, nos abrimos para a modernidade, ou ficaremos "fossilizados", "obsoletos" em muito pouco tempo. Vejo pessoas dizendo: – No meu tempo o mundo era diferente... . A grande pergunta é: "Quando é o seu tempo? Em que ano você decidiu-se 'morto' que agora acha que este não é mais o seu tempo?" Eis um grande perigo! Morrer, sem dar-se conta de estar morto! E quantas pessoas estão literalmente mortas! Como está você?

Você é uma pessoa viva, que "curte" a vida, seus amigos, sua família, seu emprego? Ou é uma pessoa que é contra o presente, contra a modernidade, amarga com a vida, com seus amigos, com sua família? É preciso estar vivo, acompanhando os tempos, o progresso tecnológico, as novidades. É preciso incorporar-se neste mundo do computador, do fax, do satélite, da rapidez dos processos de decisão, da competição acirrada, do "marketing de guerra".

Viver hoje é um desafio. Um desafio que temos que aceitar, e mais do que aceitar, saborear, enfrentar e vencer. Não se deixe dominar pela nostalgia, pelo pessimismo, pela apatia. Aceite a mudança, viva a mudança, mude! Estar vivo, no mundo de hoje é um privilégio. É a era mais rica da história da humanidade!

Desperte dentro de você uma nova pessoa. Enfrente os novos desafios com entusiasmo e bom humor. Irradie otimismo e confiança. Não se deixe fossilizar.

Boa Semana. Sucesso!

29ª SEMANA

A PALAVRA É "EMPOWERMENT"

As empresas de sucesso e de alto padrão nos dias de hoje descobriram uma nova palavra – "Empowerment" – que significa literalmente "dar poder", dar "autonomia" aos funcionários para que eles mesmos diagnostiquem, analisem e proponham soluções para os problemas da empresa. Um gerente, hoje, é muito mais alguém que auxilia o grupo a pensar, a refletir,a propor soluções, do que alguém que tira da cartola as soluções para os problemas dos seus subordinados.

Peter Drucker, numa entrevista que deu à Harvard Business Review em seu último número (maio-junho de 1993), diz taxativamente que "hoje não se avalia mais um gerente pelo número de pessoas que se reportam a ele, mas sim pela sua capacidade em fazer essas pessoas decidirem por si mesmas e trabalharem a massa de informações disponíveis na empresa".

Essa é uma nova realidade que muitas empresas relutam em aceitar. Ainda há empresas em que existe uma irritante tensão entre chefes e subordinados. Ainda há empresas que hesitam em valer-se de esforços grupais de seus funcionários e de métodos de análise e soluções de problemas que enfatizem a qualidade e a produtividade. Como diz ainda Peter Drucker, "as novidades atuais são muito antigas e muito óbvias". Se as estamos descobrindo somente agora é porque éramos cegos à verdadeira realidade e os tempos eram definitivamente outros, as pessoas eram outras, as exigências eram diferentes, as oportunidades menores, a concorrência menos acirrada, as margens de comercialização muito maiores etc. Os tempos mudaram, definitivamente, e as empresas que não acompanharem a tendência do "empowerment" acabarão ficando no meio do caminho, perderão seus melhores talentos, não vencerão a concorrência porque para vencer hoje se exige muita criatividade e iniciativa, e essas duas coisas só acontecem nas empresas que dão autonomia e poder a seu pessoal.

A PALAVRA É "EMPOWERMENT"

Nesta semana, pense nisso. Como é o "empowerment" na sua empresa? As pessoas sentem-se energizadas suficientemente para propor soluções aos problemas que enfrentam? As pessoas são motivadas e estimuladas a criar autonomamente? Os esforços coletivos são incentivados e premiados?

Entre nessa onda e você descobrirá novos funcionários, mais motivados, com maior entusiasmo pelo trabalho. Você verá que a solução de muitos problemas de sua empresa está dentro dela mesma, na cabeça de seus funcionários.

Boa Semana. Sucesso!

DECIDA COM RAPIDEZ

Hoje, no mundo empresarial, não é mais o maior que vencerá o menor, mas sim, o mais rápido é que vencerá o mais lento. É preciso decidir com rapidez! Mais vale tomar 20 decisões por dia, sendo 5 erradas, do que tomar somente 5 decisões, mesmo que as 5 sejam todas certas.

O mundo está muito rápido. O mercado muda muito rapidamente. O comportamento dos consumidores, dos empregados, dos fornecedores, de todos os que fazem parte do "jogo" da vida empresarial, muda muito rapidamente. Não podemos nos dar mais ao luxo de demorar e protelar a tomada de decisão.

Vejo empresas que ficam analisando, analisando e analisando uma situação, indefinidamente, para depois tomar decisões. Essa paralisia para analisar é um grande mal que tem assolado muitas empresas. Quando a decisão é, enfim, tomada, já não tem mais a eficácia que poderia ter. Quantos negócios e clientes são perdidos por falta de uma decisão rápida das gerências, da diretoria ou mesmo do encarregado de resolver o problema! Para decidir com rapidez, é preciso ter-se informação. Para ter-se informação, é preciso abrir, descongestionar, liberar o processo de comunicação dentro da empresa. É preciso que a informação e a comunicação fluam de baixo para cima e de cima para baixo na hierarquia. Tipicamente falando, numa hierarquia, sobem informações e descem decisões. Se as informações subirem truncadas, com ruídos, as decisões tomadas serão cada vez mais erradas, contraditórias, infelizes e confusas.

DECIDA COM RAPIDEZ

Libere o processo de comunicação em sua empresa, promovendo reuniões abertas, círculos de qualidade, grupos de estudo etc. Faça com que todos se sintam realmente comprometidos com o processo de tomada de decisões cada vez mais rápidas, cada vez mais acertadas, cada vez mais assumidas com total responsabilidade. Permita o erro. Faça com que seus funcionários tentem mais, proponham mais, façam mais, decidam mais.
E lembre-se de uma coisa: se você tiver uma idéia boa, corra para implementá-la, pois sem dúvida, ela terá ocorrido para mil outras pessoas ao mesmo tempo. Vencerá quem fizer. Fará quem tomar primeiro a decisão de fazer.

Boa Semana. Sucesso!

31ª SEMANA

DESPERTE A PESSOA CANSADA OU MORTA QUE ESTÁ DENTRO DE VOCÊ

Tenho visto pessoas ainda jovens, de várias idades, dos 18 aos 60 anos, que parecem ter desistido de lutar, desistido de acreditar, desistido, principalmente, de querer. Não deixe isso acontecer com você! Tenho visto pessoas com seus 40-45 anos que já pensam em se aposentar, em parar, em desistir. As notícias dos jornais, os noticiários da televisão, têm levado as pessoas a achar que o mundo está acabando, que o Brasil não tem mais jeito, que o mundo é só feito de desgraças. Não deixe isso acontecer com você! Tenho encontrado pessoas abúlicas, sem vontade, que perderam a capacidade de desejar, de querer, de enfrentar novos desafios. Pessoas que só falam em doença, em crimes, em corrupção, em desgraça. Não deixe isso acontecer com você!

É preciso voltar a acreditar, voltar a desejar o sucesso, voltar a querer ardentemente que as coisas dêem certo e agir para que elas dêem certo. É preciso voltar a enxergar o lado positivo das coisas, as pessoas que trabalham e que venceram com honestidade, honradez. É preciso voltar a acreditar na sua própria capacidade de fazer as coisas acontecerem. É preciso acordar, despertar, ressuscitar aquela pessoa que um dia existiu dentro de você e que acreditava na vida, acreditava na capacidade de lutar, de vencer. Não se deixe abater pelas más notícias, pelas pessoas negativas, pelas pessoas invejosas. Passe por cima disso tudo e volte a querer, a desejar, a acreditar e principalmente a fazer as coisas acontecerem pelo seu próprio esforço e persistência.

DESPERTE A PESSOA CANSADA OU MORTA QUE ESTÁ DENTRO DE VOCÊ

O desânimo, o pensamento negativo, a inveja, o individualismo não levam ninguém a lugar algum. Só destroem as pessoas. Só fazem as coisas piorarem. Fico impressionado ao ver quantas pessoas se destroem deixando-se morrer interiormente, não acreditando mais em nada, querendo parar de trabalhar, parar de lutar. <u>Não deixe isso acontecer com você</u>!

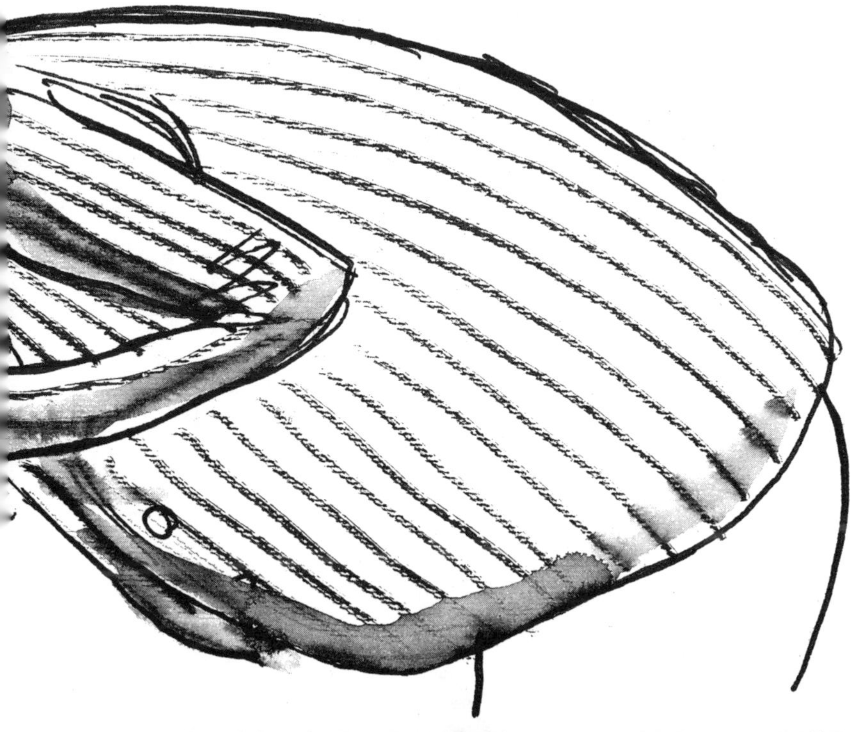

Nesta semana, gostaria de pedir que você experimentasse deixar de ler notícias ruins, de assistir telejornais negativos que só mostram o crime e a desgraça. Gostaria que você tentasse prestar atenção nas pessoas de sucesso, nas pessoas que venceram, nas pessoas que trabalham, que lutam, que são animadas com a vida. Esses devem ser nossos exemplos. Do contrário, estaremos vivendo como mortos-vivos, sem esperança, sem garra, sem entusiasmo, sem vontade de viver e vencer. E pela última vez, peço a você que <u>não deixe isso acontecer com você</u>! Acredite que você foi feito para o sucesso! BOA SEMANA. SUCESSO!

32ª SEMANA

AS 12 MAIORES CAUSAS DE FRACASSO NA LIDERANÇA

Richard Denny, autor e consultor inglês fez uma extensa pesquisa sobre as causas de fracasso na liderança e chegou à seguinte conclusão:

1. Incapacidade de organizar detalhes
2. Falta de disposição para fazer o que se pede para os outros fazerem
3. Expectativa de pagamento pelo que se sabe, em vez de pelo que se realiza
4. Medo da competição
5. Ausência de pensamento criativo
6. Síndrome do "EU"
7. Excesso de licenciosidade
8. Deslealdade
9. Ênfase demasiada na autoridade
10. Ênfase demasiada no "título"
11. Ausência de compreensão dos efeitos negativos de um ambiente negativo
12. Ausência de bom senso

Há algumas causas que parecem óbvias, outras interessantes, outras realmente novas, como o "excesso de licenciosidade". Diz Denny que líderes que não sabem manter o respeito de seus subordinados, logo perdem a liderança. É preciso manter o respeito, diz ele. Outra causa interessante é a "expectativa de pagamento pelo que se sabe". Na verdade, muitas pessoas perdem a liderança porque achando-se capazes de fazer alguma coisa, de fato, não fazem, mas pensam que devem ser reconhecidas apenas pela sua capacidade de saber em vez da capacidade de realizar. Outra causa interessante é a "falta de disposição para fazer o que se pede para os outros

AS 12 MAIORES CAUSAS DE FRACASSO NA LIDERANÇA

fazerem". Isso é incrível! Muitos chefes, gerentes etc. só sabem "mandar fazer" e não têm a mínima disposição de participar da ação. O líder verdadeiro está sempre disposto a fazer aquilo que ele pediria a outro para fazer, mesmo que não faça tão bem quanto o especialista. Ele está sempre disponível para fazer, participar.

Nesta semana, gostaria que você tomasse a lista das 12 maiores causas de fracasso na liderança e fizesse uma auto-análise. Qual a nota que você daria a si mesmo em cada um dos doze itens? Como os seus subordinados, seus companheiros de trabalho, seus chefes, percebem a sua liderança? O que fazer para transformar as causas de fracasso em sucesso?

Pense nisso. Embora seja extremamente importante saber o que fazer ao liderar pessoas, é também, importante, saber o que <u>não fazer</u>.

Boa Semana. Sucesso!

33ª SEMANA

SAIBA RELAXAR

O mundo de hoje é extremamente tenso. A tensão leva à ansiedade. A ansiedade traz a tensão, num círculo vicioso dos mais graves para a saúde do executivo. Pessoas tensas, nervosas, não conseguem decidir bem. Têm a sua visão do mundo perturbada pela ansiedade e pelo medo do futuro. Pessoas tensas são quase sempre negativas, negadoras e levam esse negativismo para toda a empresa, criando um clima desolador de fracasso. É preciso saber relaxar.

Há muitos cursos e livros que ensinam técnicas de relaxamento. Todas são válidas. O mundo de hoje exige que nos utilizemos dessas técnicas. A criatividade não pode ocorrer numa mente tensa. A inovação exige paz, calma. Temos que aprender a reconhecer o valor de nosso subconsciente para podermos vencer os desafios da modernidade.

Tire férias. Exija que seu pessoal tire férias. Não permita às pessoas que trabalham com você que sejam "estouradas" de tanto trabalhar e não descansar, não relaxar. Não SE permita isso! O que antigamente poderia ser uma virtude (trabalhar sem tirar férias, sem descansar) é hoje um crime. As pessoas pensam estar ganhando. As empresas pensam estar ganhando, mas na verdade, todos perdem num ambiente onde as pessoas vivem sobrecarregadas de serviço e tensão. Os problemas não passarão com a sua ansiedade. Eles só piorarão. A crise não passará porque você não tira férias há anos. Pense nisso.

Relaxe. Boa Semana. Sucesso!

NÃO TENHO TEMPO!

Há pessoas para as quais o dia parece ter apenas 18 horas. Vivem dizendo que não têm tempo. Vivem se dizendo "ocupadíssimas", vivem "correndo" de um lado para o outro e o que parece mesmo é que não fazem nada de realmente essencial.

Essas pessoas são aquelas que criticam duramente as outras que "acham tempo" para colaborar, para participar, para ajudar a comunidade. Dizem que essas pessoas que "acham tempo" querem mesmo é "aparecer"!

Essas pessoas que se dizem "ocupadas" e "sem tempo" são aqueles diretores e gerentes que não encontram hora alguma para visitar clientes, para reunir seus funcionários, para participar de treinamentos em sua empresa, para ler, estudar, acompanhar o desenvolvimento do seu negócio. A qualquer coisa que se diga, vem logo a resposta pronta: "Não tenho tempo!".

O Papa Paulo VI, só dava novos encargos para os bispos e cardeais que já tinham muitas atividades. Ele dizia que somente quem faz muita coisa arranja tempo para fazer ainda mais. Aqueles que nada fazem, nada fazem justamente porque nada querem fazer. Só sabem criticar.

Veja só um Clube de Serviço, uma Associação, um Grêmio etc. Quem faz tudo? Sempre os mesmos! E os demais, ficam falando pelas costas, criticando, dizendo que aqueles que fazem, fazem tudo porque nada têm a fazer em suas empresas e, além do mais, querem "aparecer".

Essas pessoas que não participam de nada, deveriam "se mancar" e pedir demissão dos clubes, associações e assumir que realmente não servem para nada, não fazem nada. Deveriam ir dormir, descansar, relaxar, pois parece serem essas as únicas coisas de que são realmente capazes, além de falar mal dos que realizam algo, é claro. Deveriam assumir o próprio ócio e a incapacidade de colaborar, de fazer, de criar e, principalmente, de "arranjar tempo".

NÃO TENHO TEMPO!

Nesta semana, faça um exame de consciência. Você, de que lado está? Você é daqueles que colaboram, estão sempre prontos a ajudar, acham tempo para participar, dão opinião nas reuniões sem medo de trabalho; ou é dos que só sabem dizer "Não tenho tempo!", "Procure outro" etc? O dia tem 24 horas para todas as pessoas. Recupere a noção do ridículo e veja que você não pode ser a pessoa mais ocupada e importante do mundo. Portanto, arranje tempo! Participe! Colabore!

Boa Semana. Sucesso!

35ª SEMANA

TREINAR, TREINAR, TREINAR

Pode parecer exagero, mas o trinômio do sucesso para a empresa de hoje é "TREINAR, TREINAR, TREINAR". A verdade é que o homem precisa sentir-se em constante desenvolvimento.

Se o nosso objetivo é termos empregados motivados, que dão tudo o que há de melhor em si para a empresa, então não nos resta outro caminho a não ser TREINAR, TREINAR, TREINAR.

Numa pesquisa que fizemos com funcionários de 45 empresas de médio e grande portes, o item considerado de maior fator motivacional para o funcionário foi "Treinamentos Constantes". Os empregados (de todos os níveis) disseram em entrevistas que os treinamentos constantes demonstram o interesse da empresa em seu crescimento pessoal, os fazem melhores funcionários e melhores seres humanos, aumentam seu comprometimento e auto-estima.

E treinar, não significa somente fazer o funcionário participar de cursos formais promovidos pela empresa. Às vezes palestras, reuniões, seminários promovidos pela comunidade ou agências especiais dão ao funcionário mais do que um treinamento formal dentro de sua área específica de trabalho. Quantas palestras, seminários, pequenos cursos são desenvolvidos em sua cidade e que poderiam ter a participação de seus funcionários? Incentive essa participação.

Pense em Treinamento. Peça a cada funcionário que faça, ele próprio, uma análise de seu autodesenvolvimento e proponha a você em quais áreas ele gostaria de se aperfeiçoar. Ninguém melhor do que a própria pessoa para saber quais as suas reais necessidades. Em seguida, ajude-o na escolha de cursos, seminários, simpósios etc., fazendo um verdadeiro "Plano Anual de Aperfeiçoamento" para cada um. Somente se eles se sentirem crescendo a cada dia, teremos funcionários ativos, motivados e felizes. Sem eles, não há empresa que vença os desafios da modernidade. Pense nisso.

Boa Semana. Sucesso!

36ª SEMANA

TRANSFORME SEU CLIENTE EM SEU VENDEDOR

Principalmente no Brasil, um país essencialmente oral e auditivo, quem realmente vende, não é o vendedor, e sim o cliente. Todos nós somos "homens públicos", no sentido de que temos que dar satisfação de nossos atos, de nossas compras, de tudo o que fazemos para todas as pessoas que nos cercam – parentes, amigos, colegas de trabalho etc. Se somos clientes de uma empresa, logo somos abordados por alguém que quer saber o motivo real de nossa preferência por aquela empresa. Se somos clientes "exclusivos", então somos obrigados a "vender" a nossa opção para competidores, companheiros, amigos. Passamos quase o dia todo "vendendo" os produtos que compramos.

As empresas modernas perceberam essa realidade e estão fazendo um verdadeiro esforço para TREINAR SEUS CLIENTES como se fossem seus vendedores. É claro que não se trata de colocar clientes numa sala de treinamento. Significa, isto sim, fornecer ao cliente uma gama de informações sobre nossos produtos e sobre nossa empresa, para que ele, sem mesmo perceber, seja capaz de "vender" corretamente a nossa empresa para as pessoas de seu relacionamento. Somente tendo informações corretas e confiáveis é que o nosso cliente será capaz de nos "vender" com segurança. Temos dito em várias ocasiões que a informação será o grande e único produto destes anos 90. E a verdade é que nossos clientes não têm informações suficientes sobre nossos produtos e nossa empresa. Vendemos e desaparecemos. Não fazemos o necessário "follow-up" após a venda para garantir que nosso cliente se transforme, realmente, em nosso vendedor ativo. Tenho acompanhado essa realidade através de pesquisas e tenho visto que o proprietário de um ponto-de-venda ou um "varejo" exclusivo de uma marca é fortemente assediado nas reuniões de seu Sindicato, Associação etc. para "justificar" as razões de sua preferência ou exclusividade. E, na maioria das vezes, a empresa de quem ele é exclusivo, pouco ou nada faz para auxiliá-lo nessa tarefa hercúlea de "vender".

TRANSFORME SEU CLIENTE EM SEU VENDEDOR

Tenho dito, incessantemente, que vender, hoje, é muito mais cérebro do que músculos. Vender é administrar, eficazmente, as contingências de compra. Temos que administrar as contingências pelas quais alguém toma a decisão de comprar, a decisão de voltar, a decisão de aumentar seus pedidos. Para isso precisamos estudar cada cliente, a cada dia mais, para que possamos transformá-lo em nosso vendedor ativo e nossas vendas aumentem.

Nesta semana, gostaria que você pensasse: será que sua empresa dá aos seus clientes, sistematicamente, informações práticas e oportunas para que eles usem essas informações para "vender" a empresa e seus produtos a seus amigos, companheiros, concorrentes, parentes etc.? Se um cliente seu tiver que "se defender" perante seus amigos, tendo que "explicar" a razão pela qual compra ou comprou de sua empresa, ele terá o que dizer, corretamente? Ele tem "dados e informações" para se defender e mais uma vez, "vender" a sua empresa aos outros? BOA SEMANA! SUCESSO!

37ª SEMANA

BOAS MANEIRAS E EDUCAÇÃO: UM DOS SEGREDOS DO SUCESSO EMPRESARIAL?

Pode parecer piegas falar em "boas maneiras" e em "educação" (no sentido de cortesia) na empresa. Nem sempre estamos atentos a esses fatores e quase sempre pagamos caro por isso.

A Toyota do Japão, sugeriu a seus concessionários que fizessem um grande esforço de treinamento de seus funcionários em "boas maneiras e cortesia". "A reação contrária dos funcionários foi muito grande", comenta um dos diretores da maior concessionária Toyota do Japão. "Os funcionários chegaram mesmo a se sentirem ofendidos quando lhes dissemos que teriam que passar por um treinamento de 'boas maneiras'." Porém, a empresa decidiu dar continuidade ao projeto e hoje colhe os frutos de um dos maiores sucessos em vendas e atendimento, segundo seus próprios funcionários que hoje reconhecem o valor da iniciativa.

"Boas maneiras" e "educação" são essenciais para um bom ambiente de trabalho. Não há quem goste ou mesmo consiga produzir com eficiência e eficácia num ambiente onde as pessoas se tratam mal, falam alto, dizem impropérios uns aos outros, trabalham de cara fechada e onde os clientes são

BOAS MANEIRAS E EDUCAÇÃO: UM DOS SEGREDOS DO SUCESSO EMPRESARIAL?

tratados de qualquer maneira e mesmo rudemente. Do ponto de vista interno da empresa, os resultados de um esforço para aumentar as "boas maneiras" são espetaculares. Ensinar as pessoas a dizer "com licença", "por favor" e "obrigado" ajuda muito um ambiente de trabalho a tornar-se sadio. Da mesma forma, uma empresa onde as pessoas são educadas a dizer "seja bem-vindo", "é um prazer recebê-lo em nossa empresa" etc. consegue fazer uma grande diferença para seus clientes.

Este é um tema complexo, porque as pessoas em geral acham-no irrelevante, sem a mínima importância mesmo. Porém, as maiores empresas do mundo de hoje estão preocupadas com isso e obtêm grandes resultados positivos. Carl Sewell, autor do livro "Clientes para Sempre" (editora HARBRA, *1993) tem um capítulo (Capítulo 23) com o seguinte título: "Sua mãe estava certa: boas maneiras são realmente importantes" onde o autor enfatiza, como no caso da Toyota, a importância das boas maneiras na empresa.*

Nesta semana, minha sugestão é que você observe como as pessoas se tratam na sua empresa. O clima "interno" será, sem dúvida, o clima "externo", isto é, como sua empresa trata seus clientes. É muito raro ver um dirigente empresarial que trata seus funcionários com descortesia ter funcionários que tratem os clientes com cortesia. Cortesia é fruto de cortesia. Inicie na sua empresa uma busca quieta, permanente, firme e continuada de boas maneiras e cortesia. Chame a atenção das pessoas, mas principalmente dê o exemplo tratando a todos, funcionários e clientes, com o maior respeito. Isso pode mudar o "clima" de sua empresa e todos passarem a respeitar-se mutuamente e todos juntos a tratar os clientes com mais cortesia, fazendo-os voltar e querer voltar à sua empresa. Pense nisso.

Boa Semana. Sucesso!

38ª SEMANA

TRÊS RAZÕES PARA O FRACASSO

Quais serão as três razões para as empresas e pessoas fracassarem no mundo moderno? Uma pesquisa feita nos EUA, com altos executivos de sucesso apontou as seguintes razões:

1. Insensibilidade a outras pessoas:
D. Wayne Calloway, presidente mundial da PepsiCo Inc., empresa holding da Pepsi Cola, diz que a arrogância é mortal para uma empresa e para as pessoas. Pessoas inteligentes, que pensam ter todas as respostas para todas as questões e se acham as "maiorais" em todos os assuntos, são fadadas a nunca experimentar o sucesso. Essas pessoas não se desenvolvem e ficam fechadas em sua ignorância dos fatos e das diversas facetas da realidade. O trabalho em equipe é fundamental para o sucesso e a arrogância mata qualquer trabalho de equipe.

2. Fazer "política" na empresa e colocar seus interesses pessoais acima dos interesses da empresa:
Pessoas que mudam de opinião e posição conforme o vento sopra, e são eternos "bajuladores" de pessoas em posições-chave, jamais terão sucesso a longo prazo numa empresa. É claro que em toda a empresa há "política". Porém, a pessoa que colocar a "política pessoal" acima dos interesses comuns da empresa, está fadada ao fracasso.

3. Inflexibilidade
Pessoas que estão sempre balançando a cabeça e dizendo "isto não vai dar certo" e sempre sendo negativas em reuniões e esforços grupais são insuportáveis para a empresa de hoje. O mundo de hoje exige um espírito aberto às mudanças. Pessoas inflexíveis, negadoras, pessimistas, que não se envolvem e não se comprometem estão marcadas para fracassar.

TRÊS RAZÕES PARA O FRACASSO

Nesta semana, gostaria que você analisasse se você não está sendo vítima de uma, duas ou das três razões citadas na pesquisa americana, e que serve absolutamente bem para o caso brasileiro. Você é arrogante? Sua empresa é arrogante? Você faz muita "política" na sua empresa, participando de "grupos de fofoca", "facções" contra este ou aquele departamento? Você é inflexível e negativo? Faça esse exame de consciência e mude. Mude, enquanto há tempo para mudar. O sucesso o espera.

Boa Semana. Sucesso!

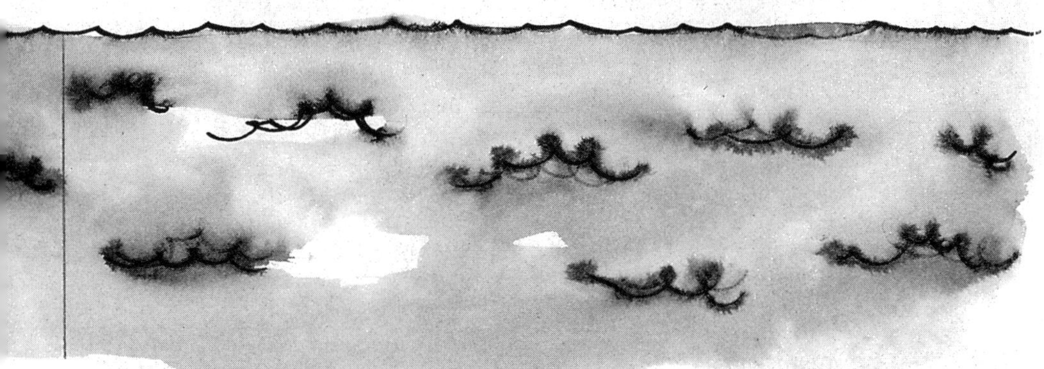

É PRECISO TER "FOCO"

Um dos maiores problemas que tenho visto em empresas, empresários, executivos, gerentes, supervisores e mesmo funcionários em geral, é a falta de foco naquilo que fazem ou deveriam fazer. A verdade é que a maioria das empresas e pessoas que nelas trabalham em funções de chefia, não sabem exatamente o que estão buscando, o que devem fazer prioritariamente. Ciscando o dia todo, como galinhas num galinheiro, o empresário, o executivo, termina o dia com a sensação de que nada fez de concreto, real ou palpável pelo seu negócio. É preciso ter foco.

Sem foco, sem objetivos e metas claras, os subordinados não podem ser seriamente avaliados. Lembro-me de um gerente que me disse estar cansado de ser avaliado sem objetividade pelos seus superiores. "A cada momento, querem uma coisa diferente..." dizia ele. Sem saber para onde ir, esse gerente estava desmotivado, desentusiasmado e perdeu toda a capacidade de lutar por alguma coisa concreta, séria e objetiva. Quando se fala em objetividade lembra-se de uma objetiva de uma câmera fotográfica – que leva ao "foco".

Nas relações com os clientes, tenho visto empresas que também perderam o foco. Não sabem realmente o que vale a pena incentivar, propor, exigir, oferecer. Os programas de qualidade e produtividade têm perdido muito de seu sentido, exatamente por falta de foco. Afinal, o que vamos fazer primeiro? O que é Essencial, Importante e Acidental? Sem foco, as empresas perdem muito tempo com coisas acidentais e nunca têm tempo para o que realmente é essencial. Sem capacidade para decidir o que seja essencial, as empresas perdem tempo e energia que deveriam estar focados para o seu negócio principal ou "core business" como dizem os americanos.

É PRECISO TER "FOCO"

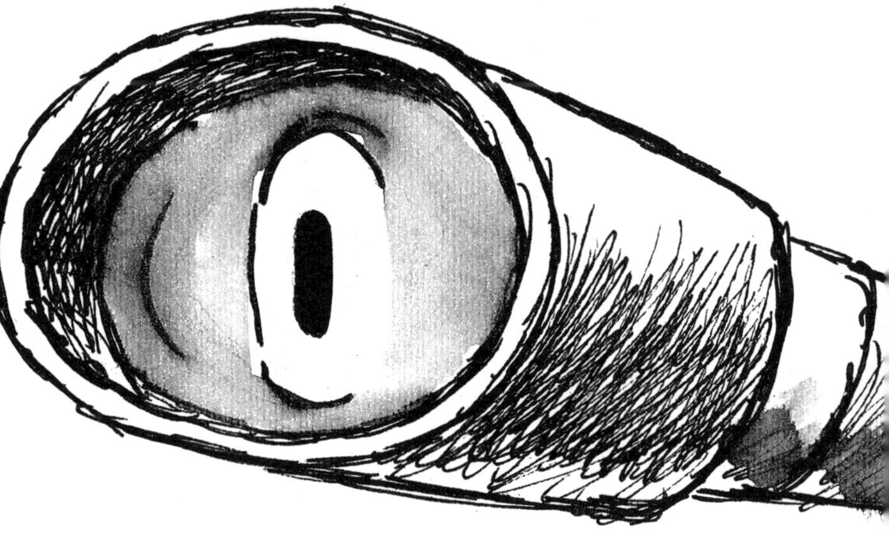

Nesta semana, gostaria de sugerir que você fizesse uma análise fria de sua empresa, juntamente com seus executivos mais graduados e verificasse se realmente a sua empresa está empregando todo o seu talento, seu tempo e energia no seu negócio principal. Se a sua empresa tem foco. Se os seus executivos e subordinados são cobrados focadamente, por coisas concretas, comportamentais, verificáveis, mensuráveis. Sem foco, a empresa de hoje perde competitividade, as pessoas ficam perdidas, os clientes não atribuem valor à empresa e todo o negócio perde. Pense nisso.

Boa Semana. Sucesso!

EU

IMAGINE-SE VENCEDOR

A nossa educação é muito errada. Desde criança, os pais acreditam que para "educar" uma criança devem mostrar-lhe constantemente seus erros. E com isso, reforçam os erros. Vivem dizendo "Você não vai dar nada na vida...", "Você é burro!" ou ainda "Não sei o que você vai ser na vida" ou ainda "Você não serve prá nada..." Assim, a pessoa cresce com o sentimento de auto-estima destruído. Essas imagens, palavras, instalam-se em nosso subconsciente e nossa vida toda fica governada por imagens de fracasso e destruição. <u>Acabe com isso. Reverta essa situação</u>.

Uma das formas de se acabar com isso é criar, constantemente em sua mente, imagens positivas, vencedoras. Imagine-se vencedor, imagine-se conseguindo as coisas que deseja, imagine-se realizando a venda, imagine o cliente assinando o pedido, imagine você ficando rico, sua família feliz, seus filhos com muito sucesso etc. Não deixe imagens negativas entrarem na sua mente. Elas já são muitas dentro dela. Não seja você mais uma pessoa a negar seu próprio sucesso. A força da imaginação criadora vem sendo comprovada a cada dia. <u>Homens e mulheres de sucesso vêm declarando a cada dia que fazem uso da força da imaginação e ficam surpresos ao verem que seus "sonhos" acabam se materializando na vida real</u>. Aprenda a fazer relaxamento (qualquer livro de relaxamento ensina uma técnica que você poderá utilizar) e durante o relaxamento crie imagens mentais de sucesso. Faça isso antes de deitar-se e ao amanhecer, como ensinam as pessoas que sempre venceram na vida.

> *Embora essas coisas possam parecer incomuns e mesmo estranhas, saiba que elas funcionam. É preciso colocar em nosso subconsciente imagens positivas, frases de sucessos. <u>É preciso condicionar ou recondicionar a nossa mente para o sucesso</u>. Pessoas que só falam, pensam e se imaginam fracassadas, não terão alternativa na vida a não ser o fracasso. Mude tudo isso. Seja positivo! Experimente e você verá sua vida transformar-se.*
>
> *Boa Semana. Sucesso!*

41ª SEMANA

ABAIXO OS GRANDES EGOS

Esse é o título de um artigo publicado por Lucy Kellaway no Financial Times de Londres. Ele trata de chefes, gerentes, supervisores, diretores, artistas e pessoas em geral, que possuem um EGO grande demais. O artigo começa contando o caso ocorrido com a mais famosa modelo de Nova York, Naomi Campbell, da agência Elite Model Management. Certo dia, seu chefe, John Casablancas chegou a ela e disse estar "farto dos seus acessos de raiva, farto de suas maneiras 'ganaciosas e exigentes' e farto de ser 'maltratado, usado e abusado'". Não importava o grande faturamento que ela trouxe e trazia para sua agência – estava demitida! Essa história virou notícia mundial, não apenas porque cada passeio de Campbell na passarela é um acontecimento: a derrubada de um EGO gigantesco é um espetáculo raro e apreciado com muito deleite a distância por quem precisa lidar com egos mimados e grandes demais.

A verdade é que em todos os lugares, em todas as empresas, encontramos pessoas assim. Arrogantes, metidas, "cheias de si"; que gostam de dar um "show" particular por qualquer coisa que aconteça; que gostam de fazer pequenos e grandes escândalos: que fazem os fatos crescerem e criam sempre um clima de mal-estar para todos os que com elas convivem. O mundo está cheio de gente assim. Chefes histéricos. Subordinados pedantes. Pessoas que só sabem dizer que as coisas não vão dar certo e querem que tudo gire em torno de si. Não é difícil saber quando um EGO se torna grande demais. Essas pessoas têm o hábito de não ouvir, não escutar o que as outras dizem. Têm que estar sempre na ribalta. Seu julgamento fica arbitrário. Recusam-se a aceitar que possam ser culpadas por alguma coisa e precisam sempre estar no controle da situação. Gostam de cercar-se de pessoas bajuladoras e aduladoras. Enfim, são aquelas pessoas horríveis que pensam ser mais do que as outras e imaginam "ter um rei na barriga" como se diz no interior. Tenho certeza de que você, que está lendo este livro, já se lembrou de várias...

ABAIXO OS GRANDES EGOS

Nesta semana, gostaria que você observasse se há alguém assim em sua empresa ou círculo de amigos. Livre-se dele como fez Casablancas com a modelo Campbell. Caso não possa livrar-se, por ser seu chefe, diretor ou sei lá quem, procure não alimentar ainda mais o EGO dele. Deixe o pobre diabo que dê seus "shows" sozinho. Além disso, por favor, observe a si mesmo. Veja se o seu EGO também não está crescido demais e se as pessoas não estão loucas para livrar-se de você também. Cuidado, um EGO crescido é caminho certo para o fracasso, para o isolamento. Faça esse exame de consciência e auto-análise e livre-se de seu EGO, antes que ele acabe com você.

Boa Semana. Sucesso!

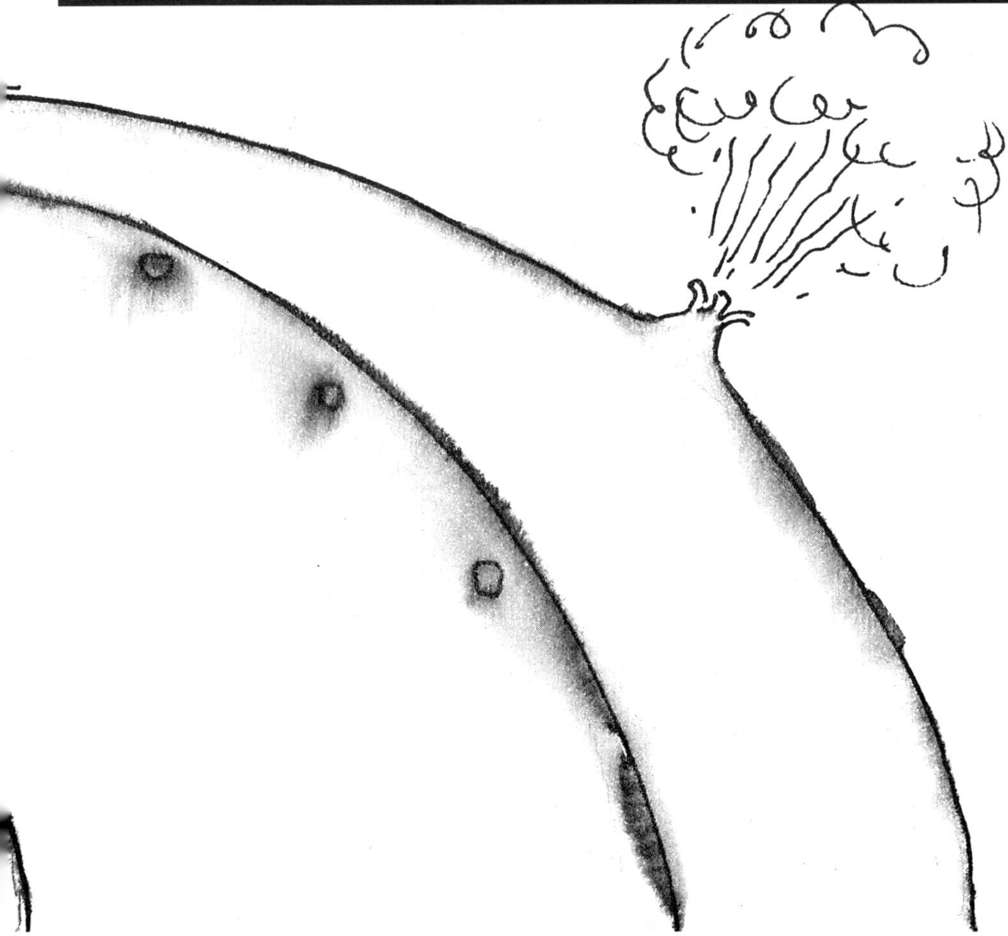

42ª SEMANA

VALORIZE SUA INTUIÇÃO

O momento da percepção é o momento da ação. Aquilo que você intui são percepções muito importantes. Se nesse momento você colocar em ação essas percepções, seu trabalho renderá muito mais.

As pesquisas modernas vêm comprovando a cada dia a importância do subconsciente e seus mecanismos pouco conhecidos. Muitas vezes temos medo da intuição. Muitas vezes deixamos de acreditar em seu poder criador. Perdemos aí uma grande chance de acertar, de fazer as coisas na hora certa e apropriada. Valorizar a intuição é hoje recomendado pelos maiores gurus da administração, como Peter Drucker, Tom Peters e outros.

E quando a percepção intuitiva ocorre com uma idéia nova, brilhante, arrojada, você deve realmente agir rápido. Essa mesma idéia deve ter surgido na cabeça de mil outras pessoas ao mesmo tempo. Aquele que agir primeiro, aquele que confiar mais na sua intuição será o vencedor. Observe: quantas vezes você vê uma "novidade" que você já havia pensado antes? Você ouve uma idéia absolutamente "inédita" que você já teve antes, e às vezes muito tempo antes? Essa realidade comprova que o momento da percepção e da intuição é o momento da ação. Não espere muito. Aja! Faça agora!

Nesta semana, gostaria que você se observasse e procurasse prestar atenção às suas intuições presentes e passadas. Veja como elas estavam quase sempre certas. Confie nelas daqui para a frente. Não deixe para depois uma coisa que você intuiu para ser feita agora. Acredite, esse é o segredo do sucesso de muita gente: ACREDITAR E AGIR RAPIDAMENTE, confiando em suas percepções intuitivas. Experimente!

Boa Semana. Sucesso!

43ª SEMANA

SÓ NÃO ERRA, QUEM NÃO FAZ

Há pessoas que têm um medo muito grande de errar. Esse medo faz com que elas acabem deixando de fazer muitas coisas, de participar, de lutar, de se envolver. Às vezes o medo de errar é tão grande que essas pessoas ficam literalmente "travadas" e nem sequer se sentem confortáveis ao emitir uma opinião.

Pessoas assim estão fadadas ao fracasso. O tempo dos "mornos" realmente acabou. Hoje é preciso decidir, fazer, tentar, participar, descer do muro e assumir posições com coragem, lealdade e confiança. Pessoas que não se envolvem, não participam, nada fazem e, portanto, nunca erram, são hoje avaliadas como medíocres e, nos anos 90, ninguém tem o direito de ser medíocre.

Errar não só é humano, como necessário. O crescimento, o desenvolvimento, a aprendizagem se faz muito mais através da análise de nossos erros do que pelo louvor de nossos acertos. É preciso ter a coragem de errar.

Nesta semana, gostaria de sugerir que você fizesse uma auto-análise de seu comportamento com relação ao medo de errar, de fazer.

Lembre-se: Só não erra, quem não faz!

Boa semana. Sucesso!

44ª SEMANA

A LIÇÃO DOS GANSOS

Chegou-me às mãos por um assinante do Fax Motivação & Sucesso, a seguinte história, de autor desconhecido:

"Quando um ganso bate as asas, cria um 'vácuo' para o pássaro seguinte. Voando numa formação em V, o bando inteiro tem o seu desempenho 71% melhor do que se a ave voasse sozinha." – Lição: Pessoas que compartilham uma direção comum e senso de comunidade, podem atingir seus objetivos mais rápida e facilmente.

"Sempre que um ganso sai da formação, sente subitamente a resistência por tentar voar sozinho e, rapidamente, volta para a formação, aproveitando a "aspiração" da ave imediatamente à sua frente." – Lição: Se tivermos tanta sensibilidade quanto um ganso, permaneceremos em formação com aqueles que se dirigem para onde pretendemos ir e nos disporemos a aceitar a sua ajuda, assim como prestar a nossa ajuda aos outros.

"Quando o ganso líder se cansa, muda para trás na formação e, imediatamente, um outro ganso assume o lugar, voando para a posição de ponta." – Lição: É preciso acontecer um revezamento das tarefas pesadas e dividir a liderança. As pessoas, assim como os gansos, são dependentes umas das outras.

"Os gansos de trás, na formação, grasnam para incentivar e encorajar os da frente a aumentar a velocidade." – Lição: Precisamos nos assegurar de que o nosso "grasno" seja encorajador para que a nossa equipe aumente o seu desempenho.

"Quando um ganso fica doente, ferido, ou é abatido, dois gansos saem da formação e seguem-no para ajudá-lo e protegê-lo. Ficam com ele até que ele esteja apto a voar de novo ou morra. Só assim, eles voltam ao procedimento normal, com outra formação, ou vão atrás de outro bando." – Lição: Se nós tivermos bom senso tanto quanto os gansos, também estaremos ao lado dos outros nos momentos difíceis.

A LIÇÃO DOS GANSOS

Gostaria que você, nesta semana, pensasse bem nestas lições dos gansos. Leia com atenção, reflita sobre cada item, transponha-os para a sua realidade, mostre ao seu pessoal e discuta com ele. Até com os gansos podemos aprender...

Boa Semana. Sucesso!

45ª SEMANA

SONHE ALTO

"Sonhar alto", imaginar-se vencedor, vencendo todos os obstáculos que surgem durante a caminhada empresarial e profissional é hoje ingrediente fundamental para o sucesso.

Pessoas derrotistas, que não sonham ou que sonham "baixo", achando-se sempre prejudicadas, vencidas, não conseguem vencer os desafios de um mundo cada vez mais ágil, veloz e competitivo. A atenta leitura das biografias dos grandes homens, dos grandes empresários e mesmo artistas, mostra claramente que um dos mais importantes fatores de motivação de que sempre fizeram uso foi o "sonhar alto". Essas pessoas nunca se conformaram com a pequenez, com a mediocridade, com a derrota. Sempre "viram-se" vencedoras. E aí, tornaram-se vencedoras!

Numa época de crise, de dificuldades, o grande perigo que corremos é o de nos deixarmos contaminar por esse clima devastador de qualquer sucesso. Pessoas que vivem reclamando de tudo e de todos, pessoas que só prestam atenção às desgraças, pessoas que não conseguem ter uma visão positiva, na verdade, percorrem, com muita rapidez, o caminho do fracasso.

> *Sonhar alto. Pensar alto. Agir de acordo com esses pensamentos, é uma lição que todos devemos aprender e praticar. Pense nisso.*
>
> *Boa Semana. Sucesso!*

46ª SEMANA

A INVEJA

Há pessoas que ao invés de olharem para os progressos, sucessos, coisas e fatos positivos de sua própria vida, ficam o tempo todo prestando atenção e "vivendo" as outras pessoas, querendo para si o que as outras têm, querendo ser o que as outras são, querendo viver o que as outras pessoas vivem. São pessoas que fazem da "inveja" o seu padrão de relacionamento humano. Não conseguem viver a própria vida e com isso atraem para si o descaso e o desdém dos normais. São dignos de pena, pois que jamais conseguirão livrar-se de suas próprias amarras que as levam ao fracasso.

Pode parecer antigo falar de "inveja". Mas a verdade é que esse é um mal que ataca certas pessoas e as fazem não só atrapalhar a sua própria vida, como ajudam a infelicitar a comemoração e a vida dos outros.

E como se comporta o invejoso ou invejosa? É simples. Ele ou ela fala mal de tudo e de todos por todos os motivos. Se você faz muito, é porque quer "aparecer". Se você não comparece é porque não quer participar. Se você fala está ruim. Se você fica quieto, é pior. Não há como agradar ou contentar pessoas que não estejam felizes consigo próprias e que vivem concentradas na vida alheia, no sucesso alheio. Essas pessoas não compreendem que quanto mais invejam, pior lhes é a própria vida, pois que terão sempre a dimensão de seus fracassos pelo sucesso dos outros.

A INVEJA

O invejoso não consegue a necessária paz para empreender, para ser proativo, para realizar coisas certas em benefício de sua empresa, das pessoas, de seus subordinados, de seus superiores. Ele está sempre "alerta", vendo, estudando, observando o que os outros estão falando, o que os outros estão fazendo, o que os outros estão ganhando, o que os outros estão sentindo. Nessa obsessão de "viver a vida alheia", o invejoso perde a si mesmo e não sabe mais do que é capaz de pensar, realizar ou sentir.

<u>Essas pessoas precisam de ajuda</u>. Aconselhe. Faça-as ver que da forma como vivem e vêem o mundo, nunca serão felizes.

Mostre-lhes que a dimensão da felicidade e do sucesso está em fazer mais do que os outros esperam que façamos, em sermos "credores" e que no relacionamento humano e social a inveja impede o sucesso. Leve-as a ver seus próprios pontos positivos, suas virtudes e suas possibilidades de vencer pelos próprios méritos. A pessoa invejosa é uma pessoa doente que não suporta a si mesma, não suporta sua imagem e somente consegue se olhar através do espelho do sucesso alheio.

Boa Semana. Sucesso!

47ª SEMANA

SAIA DA SUA SALA

Tenho encontrado diretores, gerentes, chefes e supervisores que ficam presos em suas salas de trabalho e sentem extrema dificuldade em sair delas para deambular, andar, percorrer o chamado "chão da fábrica", ou onde os seus subordinados se encontram. Há os que têm extrema dificuldade em visitar clientes, fornecedores e "parceiros" de negócio, como devem ser hoje em dia.

Chefes que ficam "entocados" em suas salas, (num mundo cada vez mais rápido, mais ágil, onde as decisões devem ser tomadas com extrema agilidade e portanto com base em informações sólidas e calcadas na realidade concreta) estão fadados ao fracasso. Não conseguem decidir com rapidez e agilidade. Não conseguem "enxergar" a realidade concreta que só vê quem dela participa fisicamente, estando no local onde as coisas realmente ocorrem.

Chefes que ficam enclausurados em suas salas, ficam cada vez mais presos a um falso conhecimento da realidade. As informações que lhes chegam, já vêm "filtradas" por assessores, secretárias e, embora essas pessoas possam ser confiáveis, nada substitui o "feeling" pessoal do chefe em contato direto com os fatos. É, portanto, muito perigoso ficar sem informações diretamente colhidas com as pessoas e acontecimentos que fazem a realidade de nossa empresa, de nossos clientes, de nossos fornecedores, de nossos funcionários.

O simples fato de andar, deambular, conversar, perguntar, questionar, já é incrivelmente positivo para o sucesso de um chefe. É preciso perdermos o medo de sair da sala confortável que temos. Se você já sai, saia ainda mais. Há chefes que dizem que suas portas "estão sempre abertas" para quem queira falar-lhes. Isso é uma falácia. Cuidado! Os fatos importantes que você deve conhecer como chefe não virão bater à sua porta. Você é quem deve buscá-los incessantemente.

Nesta semana, pense sobre isso: Como está sua chefia? Você tem o hábito de sentar-se à frente de seus subordinados, onde eles trabalham, e realmente conhecer o que eles estão fazendo? Você visita clientes semanalmente? E seus fornecedores?

Pense nisso. Boa Semana. Sucesso!

48ª SEMANA

AUTONOMIA E INICIATIVA

Tenho ouvido muita reclamação de supervisores, gerentes e diretores, de que seus empregados não são mais iguais aos de "antigamente". – Eles não 'vestem a camisa' da empresa, reclamam os chefes.

As pesquisas que temos feito têm demonstrado que muito do que se chama "ausência de comprometimento" tem sua base de culpa nos próprios chefes, supervisores, gerentes e diretores. Dar autonomia significa permitir o erro, acompanhar, treinar, ensinar, fazer junto, oferecer apoio e, principalmente, ouvir. Para isso existem os chefes. Chefe não existe para "mandar". Isso é muito antigo!

Os chefes que conseguem maior desempenho, qualidade, produtividade e comprometimento de seus subordinados são aqueles que tratam seus subordinados como verdadeiros "clientes". São capazes de antecipar as necessidades e fragilidades de seus subordinados e os incentivam ao acerto, à iniciativa, à melhoria de desempenho, à tomada de decisões, ao auto-aperfeiçoamento. Não são chefes "moles". São justos. São firmes. Conhecem em profundidade seus subordinados mais próximos e sabem como tirar de cada um o que de melhor podem oferecer. Os melhores chefes são aqueles que fazem de cada subordinado um sucesso. Essa é a grande tarefa de um chefe, supervisor, gerente ou diretor. Ele deve ser profundamente comprometido com o sucesso de seu subordinado.

Nesta semana, faça um verdadeiro esforço para conhecer cada um de seus subordinados mais próximos. Procure descobrir em cada um o seu "ponto forte". Incentive esse ponto forte. Demonstre confiança. Você ficará surpreso do que seus funcionários serão capazes de fazer quando você lhes der maior AUTONOMIA. Através da autonomia, você descobrirá a INICIATIVA. E verá que é exatamente isso que eles estavam esperando de você.

Boa semana. Sucesso!

49ª SEMANA

O EMPREENDEDOR DE SUCESSO

Um estudo realizado nos EUA definiu cinco características básicas para um empresário obter sucesso em seu negócio. São elas: 1) Um alto grau de energia; 2) Capacidade de pensar como um empreendedor; 3) Talento no relacionamento com as pessoas; 4) Habilidade em comunicação; 5) Conhecimento técnico daquilo que faz.

Vamos analisar um pouco cada uma delas:
1) Alto grau de energia – São pessoas que têm comprometimento e habilidade para conseguir que as coisas sejam feitas; persistência, para fazer as coisas até o seu final; energia física e mental, iniciativa e vigor e muita força de vontade para levar um projeto ou um sonho até o final.
2) Pensar como um empreendedor – Para ter sucesso o empresário deve inovar idéias e caminhos; pensar ou explorar soluções não-ortodoxas; fazer comparações inteligentes e tirar conclusões sobre elas e usar a razão em termos práticos, teóricos e abstratos.
3) Talento no relacionamento com as pessoas – Envolve a vontade e disposição da pessoa em trabalhar com outras pessoas, aceitar comentários, rir e sorrir de situações mesmo quando as coisas vão mal. Esta parece ser a principal característica, diz o estudo.
4) Habilidade em comunicação – Envolve a habilidade de falar de forma clara, sem rodeios, sem rebuscamentos e a habilidade de ouvir, realmente escutar as pessoas, absorver e entender o que elas dizem. Escrever de forma clara e concisa e ter a capacidade de transmitir confiança para as pessoas com quem se comunica.
5) Conhecimento técnico – Curiosamente a última da lista. Envolve a capacidade do executivo em obter e trabalhar as informações sobre o que faz, o que vem acontecendo em seu campo de atuação, quais as mudanças prováveis e preparar-se para elas. Isto, é claro, requer vontade, estudo, dedicação.

O EMPREENDEDOR DE SUCESSO

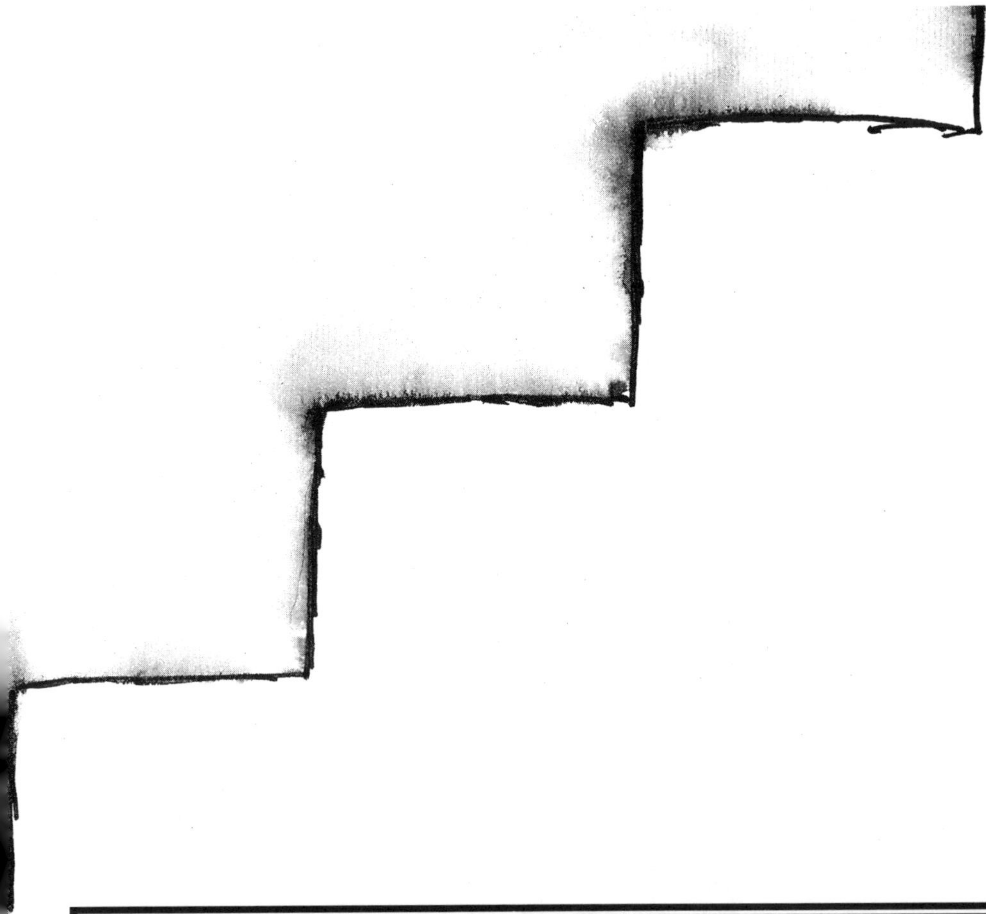

Nesta semana, gostaria que você tomasse um pouco do seu tempo para fazer uma auto-análise do seu perfil como empreendedor. Nenhuma empresa, nenhum negócio pode prosperar sem uma atitude empreendedora do empresário, diretores, gerentes, supervisores. Desenvolver as habilidades de um empreendedor é fator fundamental para o sucesso. Depois da auto-análise, sugiro que coloque num papel quais das cinco características você precisa desenvolver. Depois escreva o que pretende fazer para desenvolvê-las. Coloque um prazo para isso e defina os meios, a metodologia, as estratégias que você utilizará. Só assim, com muita VONTADE e DETERMINAÇÃO, o sucesso chegará. Como diziam os mais velhos, o único lugar em que Sucesso vem antes de Trabalho é... no dicionário!!

Boa Semana. Sucesso!

50ª SEMANA

SENTE-SE EM CIMA DO CAIXA!

Marc Bertoneche, professor do INSEAD e da Universidade de Harvard, nos diz haver três tipos de empresa na evolução do mundo empresarial: (a) As mais primitivas são empresas que só pensam em VENDAS, em "market share". Estas formam a grande maioria. (b) Algumas empresas que evoluem um pouco, pensam em LUCRO. Querem vender, querem "market share", mas querem ter "lucro". (c) Poucas chegam ao estágio mais evoluído de empresa. São aquelas que pensam em CAIXA, em "cash-flow".

"Lucro" é uma ficção econômica e contábil. Ninguém paga salários com lucros, ninguém compra nada com "lucro". Há empresas que se enganam com um falso "lucro" e pensam estar ganhando. Na maioria não sabem fazer contas, ainda mais em um regime inflacionário como o nosso.

É com CAIXA que as empresas realmente sobrevivem e vencem. É preciso cuidar do CAIXA. É preciso "sentar em cima do caixa" para poder vencer os desafios da competitividade dos anos 90.

E a importância de se chegar ao terceiro estágio da evolução empresarial é que somente as empresas que chegarem lá (isto é, tiverem CAIXA) poderão chegar ao quarto estágio, que é "COMPRAR AS EMPRESAS DO PRIMEIRO ESTÁGIO", que só pensaram em vender, vender, em fazer participação de mercado e... quebraram, sendo arrematadas, às vezes por valor inferior ao seu patrimônio líquido por uma empresa que tem o essencial – <u>CAIXA</u>. Assim, cuidado com: (a) ESTOQUES; (b) CARTEIRA DE DUPLICATAS; (c) ENDIVIDAMENTO BANCÁRIO. As empresas de hoje estão quebrando por causa de estoques elevados e por terem o seu capital de giro na mão de terceiros, através de uma carteira de duplicatas simplesmente criminosa para a empresa. Quem estiver em banco, já quebrou...

> *Nesta semana, junte seu pessoal e repense a sua empresa em termos de CAIXA. Traga todo e qualquer tostão disponível para dentro do caixa e sente-se em cima dele, aplicando espertamente seus valores e fazendo com que sua empresa tenha a necessária saúde para sobreviver a mais esta crise.*
>
> *Boa Semana. Sucesso!*

51ª SEMANA

IACOCCA ENUMERA OS 10 MANDAMENTOS DO SUCESSO

Lee Iacocca, ex-presidente da Ford e da Chrysler, em recente entrevista, enumerou os 10 mandamentos do dirigente empresarial ou gerente em tempos de competitividade como o que estamos vivendo. Iacocca disse: "Vou citar os 10 mandamentos, mas antes aviso que se você cumprir nove deles, você tem uma chance de vencer. Se não cumprir os dez, tem grandes chances de falir". São eles:

1. Lidar, com eficácia, com as mudanças de sua empresa e do governo;
2. Cuidar muito bem do cliente;
3. Melhorar o produto a cada dia;
4. Respeitar os concorrentes;
5. Inovar;
6. Não imitar;
7. Motivar funcionários;
8. Aprender a administrar na crise;
9. Comunicar-se com o seu pessoal;
10. Envolver-se com setores públicos que tenham a ver com a empresa.

Ao lhe perguntarem ainda: "Qual é o novo perfil do homem de negócios?" Lee Iacocca respondeu: "Se tivesse que resumir em uma única palavra as qualidades que caracterizam um bom empresário, eu as reduziria à DECISÃO. O homem de negócios tem que ser um líder, delegar funções e, acima de tudo, motivar o corpo funcional. Tem que se comunicar com toda a cúpula e fazer com que todos trabalhem em equipe. A qualidade tem que ser o seu foco."

Nesta semana, gostaria de pedir a você que lesse e relesse várias vezes as 10 regras do sucesso e este pequeno trecho da entrevista de Iacocca. Leia e releia os dez mandamentos e este pequeno trecho para seus principais dirigentes, diretores, gerentes, supervisores. Pense, calma e profundamente, no significado de cada um dos mandamentos e em cada uma das palavras ditas por Iacocca e faça uma auto-análise para saber como você se encontra frente a esses mandamentos e frente ao novo perfil do homem de negócios. Parar para refletir é fundamental. Faça isso agora.

Boa Semana. Sucesso!

MUDAR: A ÚNICA CERTEZA ESTÁVEL

Estamos vivendo a época das maiores transformações na história da humanidade. Nunca houve tantas mudanças ao mesmo tempo. Quem nasceu nos séculos XVI, XVII, XVIII e XIX começou o século e terminou o século no lombo do burro, na carruagem, na diligência. Quem nasceu neste século XX, começou o século no lombo do burro, na carruagem, na diligência e não sabe sequer como irá terminá-lo. Não sabemos quais os "sustos" que ainda teremos até o final deste século. E faltam apenas seis anos!

E, neste século, as décadas que estamos vivendo agora, são ainda as de maiores mudanças, de maior rapidez. Viver hoje é, pois, um desafio muito maior do que viver tempos atrás. Viver hoje exige de cada um de nós principalmente uma grande adaptação à mudança. São três as principais características de nossos dias: o DINAMISMO, a INSTABILIDADE e a EVOLUÇÃO. Essa rapidez gera uma instabilidade que hoje tem que ser compreendida como parte integrante de nosso cotidiano. Não esperemos a "estabilidade". Ela jamais voltará a existir. O ritmo de mudança é tão violento que a estabilidade é coisa do passado. Temos que aprender a viver com a instabilidade. E isso não é fácil. Viver hoje exige um constante esforço de rompimento com o passado, com a linguagem, conceitos e modos com que sempre fizemos as coisas. Exige uma grande disposição para mudança e para novidade. E além disso tudo, precisamos ser ágeis. Hoje não é o maior quem comerá o menor, mas sim o mais rápido quem comerá o mais lento.

MUDAR: A ÚNICA CERTEZA ESTÁVEL

Agilidade e rapidez no processo de tomada de decisão são hoje vitais para a sobrevivência da empresa. É preferível tomar 20 decisões por dia, sendo 5 erradas, do que tomar somente 5 certas. Decidir com rapidez, coletar, estudar e disseminar para nosso pessoal informações relevantes sobre nossos clientes são fatores fundamentais para o sucesso empresarial. Estamos na era da inteligência e a informação é o recurso fundamental. Venderá, conquistará o cliente aquele que detiver, estudar e colocar a serviço de seu negócio a maior gama de informações sobre seus clientes – o que eles querem, como querem, quando querem, onde querem, são perguntas que devem ser respondidas rápida e consistentemente pela empresa de hoje. Tudo isso para conseguirmos fazer a nossa empresa realmente comprometer-se com o sucesso de nossos clientes que é o novo paradigma dos anos 90. Vender, hoje, é pois, muito mais cérebro do que músculos.

Nesta semana, gostaria que você parasse e pensasse como você está se adaptando às mudanças que vêm ocorrendo em nosso ambiente de negócios. Será que estamos realmente alertas para o ritmo das mudanças? Será que acreditamos na verdade de que as mudanças não só continuarão como serão mais rápidas? Estamos conscientes de que a concorrência será a cada ano mais acirrada? Somos abertos às novidades? Estamos trazendo para nossas empresas as novidades que o mundo está praticando em nosso ramo de negócio? Sou alguém disposto a mudar? Ou sou resistente, achando que tudo não passa de um "modismo passageiro" e que a concorrência ou vai quebrar ou vai diminuir? Estou pensando seriamente em reengenharia, qualidade, cooperação, "teamwork", "empowerment", ou acho tudo isso uma besteira? Cuidado! Se você e sua empresa não se mexerem enquanto é tempo, daqui a pouco, com certeza, não se mexerão mais, pois estarão mortos, fora do mercado!

Pense nisso. Boa Semana. Sucesso!

Cromosete
Gráfica e editora ltda.

Impressão e acabamento.
Rua Uhland, 307 - Vila Ema
03283-000 - São Paulo - SP
Tel./Fax: (011) 6104-1176
Email: cromosete@uol.com.br